Paul Coutinho

Wie groß ist dein Gott?

Paul
COUTINHO

Wie groß ist dein Gott?

Über die Freiheit,
das Göttliche zu erfahren

Aus dem Englischen
von Robert Cathomas und
Helga Jacobsen

Chalice Verlag

Die Originalausgabe erschien
2007 bei Loyola Press, Chicago, IL, USA
unter dem Titel *How Big Is Your God – The Freedom to Experience the Divine*

Deutsche Erstausgabe

www.chalice-verlag.com

Umschlagbild und Frontispiz: Fotolia / Gieri-Foto
Buchgestaltung: Robert Cathomas
Herstellung: BoD – Books on Demand GmbH
Printed in Germany

ISBN 978-3-942914-24-6

Für meine Eltern:
meinen Vater, der mir die Gabe
des Fragenstellens schenkte, und meine Mutter,
die an grenzenlose Möglichkeiten glaubte

Inhalt

Einführung

von Richard Rohr

DIE ORGANISIERTE RELIGION SCHEINT IN VIELEN TEILEN der Welt in eine merkliche Sackgasse zu geraten. Eine »neue Reformation« ist vonnöten, aber noch wichtiger: eine neue *Art* von Reformation. Niemand scheint besonders daran interessiert zu sein, eine weitere christliche Abspaltung oder eine neue Glaubensgemeinschaft zu bilden. Das wäre zu einfach, zu altmodisch und zu nutzlos. Ob wir uns dessen wirklich bewusst sind oder nicht, wir lernen aus vielen unserer Fehler der Vergangenheit und unsere spirituelle Sehnsucht bewegt uns tiefgreifender. In diesem Buch werden Sie dies mit Sicherheit erfahren!

Das, was ich neu auftauchen sehe, ist schlicht und ergreifend eine Sehnsucht nach authentischer Gotteserfahrung – anstelle eines rein äußerlichen Glaubenssystems, mit dem wir richtig oder falsch liegen können. Die Menschen haben nicht das Gefühl, dass sie ihre bestehende Gruppe verlassen, deren Glaubensgrundsätze infrage stellen oder auf irgendeinen bestimmten Aspekt heftig reagieren müssten, den sie noch nicht verstanden haben oder mit dem sie nicht einverstanden sind. Sie bewegen sich ganz einfach in Richtung einer viel tieferen Erneuerung der Begegnung auf den Ebenen des Gebets und der inneren Erfahrung, bei spirituellen Übungen und verschiedensten Arten der kontemplativen Praxis.

Dieses wunderbare Buch von Fr. Paul Coutinho ist ein hervorragendes Beispiel dieser neuen und vom Geist geführten Strömung. Bruder Paul gestattet Ihnen nicht, sich in Ihrem Kopf hinter bestehenden Ansichten zu verstecken, sondern lädt Sie stattdessen auf eine Reise ein, auf der Sie etwas selbst erfahren werden. Das Etwas, das Sie erkennen werden, ist derart gut, weit und tief, dass es Sie davon abhält, Ihre Zeit mit irgendetwas Negativem, dem Selbstschutz Dienenden oder Rückwärtsgewandtem zu verschwenden. Letztendlich handelt es sich bei dem, was wir entdecken, ganz und gar nicht um ein Etwas, sondern um einen Jemanden.

Nachdem ich im Verlauf der Jahre auf drei verschiedenen Veranstaltungstouren als Prediger durch Indien gereist bin, überzeugte ich mich zunehmend von dem Klischee, dass »kein westlicher Besucher aus Indien zurückkehrt, ohne sich auf einer tiefen Ebene verändert zu haben.« Man gelangt in eine andere Hemisphäre, nicht nur äußerlich, sondern auch im Gehirn und in der Seele. Aufgrund seiner westlichen Erziehung, seiner jesuitischen und christlichen Spiritualität sowie seiner unverfälschten Treue gegenüber diesem einzigartigen indischen Denken ist Bruder Paul in der Lage, eine Brücke zwischen den verschiedenen Welten zu bauen. Ich bin davon überzeugt, dass das asiatische Denken weniger dualistisch ist als das unsere und tiefschürfende Wahrheiten häufig in einer entwaffnend klaren, bescheidenen und richtigen Weise auszudrücken vermag. Wir aus dem Westen haben dies bereits bei Anthony de Mello, Bede Griffiths und Mutter Teresa gesehen. Sie, liebe Leserinnen und Leser, werden es hier bei Paul Coutinho selbst erleben.

Das menschliche Ego will keine echte neue Erfahrung machen. Es hasst es, sich verändern zu müssen, und ist damit beschäftigt zu kontrollieren. Wir bevorzugen Konzepte. Mit neuen Ideen können wir machen, was wir wollen, einschließlich, ihnen allzu schnell zuzustimmen. Doch eine echte neue Erfahrung macht etwas mit Ihnen! Sie bringt Sie für eine Weile in einen unkontrollierten Zustand und zwingt Sie, Ihr Terrain zu überdenken, sich neuen Gefühlen zu stellen und Ihre Lebenskoordinaten anders auszurichten. Häufig ist sie eine kleine Demütigung, weil sie Ihre alten Koordinaten durcheinanderbringt. Lieber möchten wir in unserer netten

Komfortzone verharren und alle echten neuen Erfahrungen vermeiden. Das Ego erlaubt es ihnen fast nicht zu geschehen.

Wenn dies nun im Allgemeinen stimmt, und ich glaube, dass es so ist, dann stellen Sie sich vor, um wie viel mehr es zutrifft, wenn wir über Gotteserfahrungen reden! Lassen Sie uns über Kontrollverlust sprechen. Wir neigen dazu, gegen echte Gotteserfahrung gut gepanzert zu sein, da sie uns immer ins Unbekannte führt, auf jenes neue Terrain, auf dem nicht wir die Dinge im Griff haben, sondern Gott. Der heilige Augustinus sagte: *si comprehenderis, non est Deus* – »Wenn du es verstehen kannst, ist es nicht Gott.« Ich denke, dass dies der Grund ist, warum Gott in der Regel in uns einbrechen oder uns zusammenbrechen lassen muss, um zu uns durchzubrechen. Wir versuchen, Gott in unseren kleinen Verstand und unsere kleine Welt hineinzuziehen, während Gott Sich bemüht, uns in eine viel größere Welt zu ziehen, gegen die wir uns, fast von Natur aus, wehren. Jesus nannte dies »das Reich Gottes«.

Ich möchte Sie also ermutigen, diesem edlen Lehrer zu vertrauen und sich von ihm an einige sehr große und neue Orte führen zu lassen, sodass Sie erleben können, »was kein Auge gesehen und kein Ohr gehört hat und in keines Menschen Herz gekommen ist, was Gott bereitet hat denen, die Ihn lieben« (1 Korinther 2.9).

Ihnen steht ein Festschmaus bevor – einer, der andauern wird!

Fr. Richard Rohr, OFM
Center for Action and Contemplation
Albuquerque, New Mexico

Richard Rohr, geboren 1943, ist ein US-amerikanischer Franziskanerpater, Prediger und Autor spiritueller Bücher, die in viele Sprachen übersetzt wurden und weltweite Verbreitung gefunden haben. Zu seinen bekanntesten Titeln zählen *Der wilde Mann* und *Das Enneagramm,* das er 1989 zusammen mit dem deutschen lutherischen Pfarrer Andreas Ebert schrieb. Rohr war in den 1970er-Jahren eine der führenden Persönlichkeiten der charismatischen Bewegung in den USA, in der er sich für eine Erneuerung und Belebung des Christentums einsetzte. Freundschaft und religiöser Austausch verbindet ihn mit dem evangelischen Prediger und politischen Aktivisten Jim Wallis. Geistig beeinflusst hat ihn vor allem der Trappistenmönch Thomas Merton. Quellen seiner Inspiration sind außerdem Jesus Christus, Franz von Assisi, Meister Eckhart, Dietrich Bonhoeffer, Carl Gustav Jung sowie Sufi- und Zen-Traditionen (Quelle: Wikipedia).

Vorwort

ICH MÖCHTE MIT EINER KURZEN EINLEITUNG BEGINNEN. Drei wichtige Dinge sollten Sie über mich wissen: Ich bin Katholik, ich bin ein Jesuit und ich komme aus Indien. Mein Nachname lautet Coutinho und ist portugiesisch. Sie wundern sich vielleicht, wie meine indische Familie zu einem portugiesischen Namen gekommen ist und katholisch wurde. Nun, lassen Sie es mich Ihnen erzählen.

Vor etwa vierhundert Jahren reisten die Jesuiten gemeinsam mit militärischen Forschungsreisenden aus Portugal nach Indien. Sie kamen, uns zu kolonialisieren, uns zu taufen und uns die Frohe Botschaft zu bringen. Sie hatten sich für uns ein einfaches Programm ausgedacht. Während junge angehende Jesuitenlehrer an der Peripherie unseres Dorfes stationiert wurden, trieben die Soldaten alle Bewohner im Dorfzentrum zusammen, wo man sie vor die Wahl stellte, sich entweder taufen oder umbringen zu lassen. Entschied man sich für die Taufe, beanspruchte ein portugiesischer Amtsträger diese Seele für Gott und verlieh einem seinen Nachnamen. Die Jesuiten führten Massentaufen durch und entledigten sich derer, die sich nicht taufen lassen wollten, da man zu jener Zeit ernsthaft davon überzeugt war, dass es außerhalb der Kirche keine Erlösung gebe. Für die Portugiesen hingegen war die Taufe ein wirkungsvolles Mittel der gesellschaftlichen und politischen Kontrolle.

Vor Generationen wurden meine Familie und viele Inder auf diese Art als Christen getauft. Doch selbstverständlich besaßen wir Inder bereits eine prächtige, hoch entwickelte religiöse Tradition, die zweitausend Jahre zurückreichte und deren Überlieferungen und Einflüsse noch im heutigen Indien weiterleben. Wir wurden getauft, doch nicht wirklich bekehrt. Aus diesem Grund drücken viele katholische Inder, so wie auch ich, ihr Christentum ein bisschen anders aus, als es gemeinhin üblich ist.

Ich bin auch ein jesuitischer Priester, und die meisten meiner spirituellen Anschauungen haben ihren Ursprung in meinem lebendigen Kontakt mit östlichen Religionen und, vor allem anderen, in der Heiligen Schrift sowie in der Spiritualität des heiligen Ignatius von Loyola – insbesondere in den *Geistlichen Übungen,* diesem kleinen Büchlein aus seiner Feder, das als ein großes klassisches Werk der westlichen Spiritualität gilt. Darin schreibt der heilige Ignatius, der Begründer der Jesuiten, dass es bei den Exerzitien hauptsächlich darum gehe, alle möglichen Mittel zu nutzen, um Gott zu erfahren und unsere Beziehung mit dem Göttlichen zu vertiefen. Finde *deinen* Weg, Gott zu erfahren, sagte der heilige Ignatius, und wachse in *deiner* Beziehung zu *deinem* Gott. Er glaubte, dass unsere Erfahrungen und Beziehungen mit Gott einzigartig sind, und daher ist dein Gott nicht mein Gott, und mein Gott ist der Gott von niemand anderem. Nun, da Ignatius ein katholischer Heiliger ist, glaubte er offensichtlich an *einen* Gott – ein Gott, aber unendliche Möglichkeiten. Ignatius' Anliegen lautet: Vertiefen Sie nicht Ihre Beziehung zu dem Gott, von Dem Ihr Theologie-Professor spricht; vertiefen Sie nicht Ihre Beziehung zu dem Gott, von Dem Ihre Mutter erzählt; vertiefen Sie nicht Ihre Beziehung zu dem Gott, von Dem die Gesellschaft oder auch die Kirche erzählt. Vertiefen Sie Ihre Beziehung zu dem Gott, Den Sie kennen, jetzt, in diesem Moment – zu dem Gott, Der Sie fortwährend zu einem tieferen Einssein und zu einer tieferen Gemeinschaft aufruft. Gott ist persönlich. Gott ist einzigartig. *Gott ist eine Erfahrung des Göttlichen.*

Eine meiner Schülerinnen erzählte mir einmal, dass ihre Eltern zwar »religiös« seien, doch sie in deren Leben keine persönliche Beziehung mit Gott bemerke. Das ist eine traurige Aussage, und kommt den meisten von uns vielleicht nur allzu bekannt vor. Haben wir eine Beziehung zu Gott – oder nur eine behagliche Religion, leer von Göttlicher Erfahrung?

An der Vermittlung von Religion oder Lehre hatte der heilige Ignatius kein ausgeprägtes Interesse; vielmehr wollte er, dass wir das Göttliche erfahren. Nach einem lebenserschütternden spirituellen Gotteserlebnis an den Ufern des Flusses Cardener bei Manresa in Spanien schrieb er, dass, auch wenn es keine heiligen Schriften gäbe, um uns zu lehren, er entschlossen wäre, für das zu sterben, was er in Manresa erfahren hatte. Ignatius war bereit, für sein Erlebnis mit dem Göttlichen zu sterben, und diese Erfahrung blieb ihm bis zum Ende seines Lebens absoluter Maßstab für alle Entscheidungen, die er zu treffen hatte. Manresa wurde auch zu seiner grundlegenden Erfahrung, durch die alle seine übrigen Tugenden sich vertiefen sollten, bis er sich schließlich selbst im Göttlichen Sein und in der Göttlichen Essenz wiederfand.

Nun gibt es einige gescheite, freundliche und heilige Menschen, die sich entschieden haben, niemals nach einer Erfahrung mit dem Göttlichen zu suchen. Weshalb? Vielleicht weil sie nichts von solchen Erlebnissen wissen oder, schlimmer noch, weil ihnen gesagt wurde, solche Erlebnisse seien nur etwas für ein paar wenige Auserwählte wie Johannes vom Kreuz oder Teresa von Ávila, und nichts für Sünder unseresgleichen. Oder sie werden ganz tief in ihrem Inneren von der falschen Befürchtung zurückgehalten, sie dürften als Mystiker das Leben womöglich nicht mehr genießen: *Der einzige Weg, Gott zu begegnen, ist der, sich selbst gegenüber auf eine Art zu sterben und Gott Gott sein zu lassen, sodass ich die Fülle dieses Lebens leben kann.* Oder aber, wenn sie dennoch nach einer Erfahrung Gottes Ausschau halten, suchen sie nur einen kleinen Gott, einen Gott, mit dem sie gemäß ihren eigenen Maßstäben umgehen können. Das ist ein begrenzter Gott, durch den das Selbst – das zähe Ego – sich nicht bedroht fühlt. Unglücklicherweise ist mit solch einem kleinen Gott die Antwort dieser freundlichen Menschen auf die Welt jedoch häufig geprägt von Angst, Sorge und Hilflosigkeit, da ihr kleiner Gott nur sehr wenig für sie tun kann, wenn sie in Not geraten.

Ich möchte Sie nun einladen, sich selbst die folgenden Fragen zu stellen: Möchte ich einem *großen* Gott begegnen, einem grenzenlosen Gott? Habe ich den Willen, das Göttliche zu erleben – mit all seinen erstaunlichen und unbeschränkten Möglichkeiten?

Wenn dem so ist – oder Sie zumindest gespannt auf ein Treffen mit einem großen Gott sind –, lassen Sie uns gemeinsam unsere Reise dort beginnen, von wo aus der heilige Ignatius loszog: beim Hinterfragen unseres Lebens, beim Hinterfragen der Welt um uns herum, beim Hinterfragen unserer Beziehungen, beim Hinterfragen unseres Familienlebens, beim Hinterfragen unserer Arbeit und beim Hinterfragen unserer Leidenschaften. Lassen Sie uns auch unsere Beziehung zu Gott hinterfragen.

Meine Hoffnung ist, dass dieses kleine Buch Ihren Wunsch nach einer immer größeren Erfahrung des Göttlichen anregen und Ihnen helfen möge, die richtigen Fragen zu stellen – die wirklich wichtigen Fragen, die sich um Leben und Tod drehen. Einige Punkte in diesem Buch werden für Sie vielleicht auf Anhieb einen Sinn ergeben; andere mögen Sie vielleicht unmittelbar verwirren. Weitere Stellen wiederum werden vielleicht unbequem sein oder Sie gar zurückweichen lassen. Das ist in Ordnung. Meine Hoffnung ist, dass dieses Buch Sie im Laufe der Zeit auch in Richtung des Erlebens des Göttlichen durch das Erleben Ihres persönlichen Gottes weist. Solch eine Reise braucht Mut, Ausdauer und ein ziemliches Ausmaß an Hingabe. Sind Sie bereit für solch eine Suche? Dies ist eine große Reise; es handelt sich um die größte Fahrt, auf die wir gehen können. Aber wir können sie gemeinsam machen – genau genommen können wir sie nur zusammen machen.

Sind Sie bereit?

I

Wie groß ist Ihr Gott?

Wenn Menschen in Ihr Leben treten, erkennen diese in Ihnen eine Verbindung zum Göttlichen?

KENNEN SIE GOTT? HABEN SIE DAS ANTLITZ DES GÖTTlichen gesehen? Ich erzähle den Menschen gerne, dass die Summe des Lebens in unserer Reise auf der Suche nach unserer Identität im Göttlichen besteht. Doch manchmal denke ich, die einzige Weise, in der ich wirklich ausdrücken kann, was ich meine, ist, eine Geschichte zu erzählen.

Als die Weihnachtszeit nahte, ging die Großmutter los, um für ihre Enkelkinder Geschenke zu kaufen. Während sie im Spielzeugladen mit ihrer Einkaufsliste sorgfältig die Geschenke aussuchte, nahm sie ein kleines obdachloses Mädchen wahr, das von draußen sehnsuchtsvoll durch das Fenster in das Geschäft spähte. Die Großmutter ging hinaus und lud das kleine Mädchen ein, mit in den Laden zu kommen und sich ein Geschenk auszusuchen. Als sie später gemeinsam das Geschäft wieder verließen, hielt das kleine Mädchen die Hand der Großmutter, schaute in ihre freundlichen Augen und fragte: »Bist du Gott?« Verlegen und berührt durch diese Frage, sagte die Großmutter: »Nein, meine Liebe, ich bin nicht Gott.« »Aber wer bist du dann?«, fragte das kleine Mädchen weiter. Die Großmutter überlegte einen Moment lang und antwortete: »Ich bin ein Kind Gottes.« Das kleine Mädchen, mit dieser Antwort restlos zufriedengestellt, lächelte und sagte: »Ich wusste, dass es da einen Zusammenhang gibt.«

Wenn Menschen in Ihr Leben treten, erkennen diese in Ihnen eine Verbindung zum Göttlichen?

Das kleine Mädchen in dieser Geschichte hatte der Großmutter an diesem Tag ein wunderbares Weihnachtsgeschenk gemacht – ein Geschenk, das besser war als alles, was die Großmutter für den Rest ihres Lebens jemals wieder schenkte oder geschenkt bekam. Sie erkannte ihre wahre Identität als ein Kind Gottes.

Der heilige Paulus sagt uns, dass, wenn wir daran glauben, Gottes Kinder zu sein, wir auch zu Göttlichen Erben werden (Römer 8.16–17) und die Geschenke Gottes nicht unser Privileg sind – sondern unser *Recht* werden.

Wie groß ist unser Erbe? Es hängt davon ab, wir groß unser Gott ist – es hängt davon ab, wie groß und unbegrenzt der Gott ist, Den wir uns erlauben, zu erfahren und zu erkennen. »Wir wissen aber, wenn es [Gott] erscheinen wird, dass wir Ihm gleich sein werden; denn wir werden Ihn sehen, wie Er ist« (1 Johannes 3.2). So wie unser Gott größer wird, werden wir es auch.

2

Haben Sie den Willen, einen großen Gott zu erfahren?

Ohne den Willen, das aufzugeben, was auch immer von uns verlangt wird, um einem größeren Gott zu begegnen, werden wir feststellen, dass unser Verständnis und unsere Erfahrung des Göttlichen nicht wachsen können und werden.

ALS ICH IN DEN VEREINIGTEN STAATEN LEBTE UND ALS Kaplan in einem Krankenhaus arbeitete, wurde ich an das Bett eines Mannes gerufen, der Angst vor dem Sterben hatte.

Als ich eintrat, sah ich seine Familie um ihn versammelt und dachte: Er wird Angst haben vor dem Sterben, weil er fürchtet, seine Familie zurückzulassen, die sich dann alleine durchschlagen muss. Doch dem war nicht so. Ich hätte seine Angst vor dem Tod auch verstehen können, wenn er noch etwas zu erledigen gehabt hätte oder noch an irgendwelche Orte hätte reisen müssen. Aber auch das war nicht der Fall. Der Mann hatte Angst vor dem Sterben, weil er Angst hatte, Gott zu begegnen. Und wissen Sie was? Dieser Mann war *fünfundvierzig* Mal in einer spirituellen Klausur gewesen. Seit dieser Begegnung habe ich mich häufig gefragt, was in diesen Klausuren denn eigentlich über Gott geredet worden war, wenn dieser Mann nach fünfundvierzig davon noch immer Angst hatte zu sterben, weil er sich fürchtete, Gott zu begegnen! Wie groß war sein Gott?

In derselben Woche holte man mich an das Bett einer Frau, die noch drei Tage zu leben hatte. Als ich sie im Barnes-Jewish-Krankenhaus besuchte, sagte sie: »Danke, dass Sie gekommen sind, Vater. Ich habe auf Sie gewartet. Wissen Sie, bevor Sie mich im Seniorenheim besuchen kamen, hatte ich Angst vor Gott. Ich ängstigte mich vor Seinem Urteil und vor Seiner Strafe. Nachdem Sie bei mir waren, entwickelte ich eine derart wundervolle Erfahrung und Verbindung mit Gott, dass ich es nun kaum erwarten kann zu sterben. Ich mag kaum auf das Sterben warten, weil ich dann bei Gott sein kann.« In dem Augenblick wurde mir klar, dass ich mich in der Gegenwart einer wahren Mystikerin befand. Eine einfache, treue Alltagskatholikin hatte sich in eine echte Mystikerin verwandelt.

Nun, über das Sterben und die Begegnung mit Gott zu predigen, ist eine Sache; doch eine Person zu treffen, die das lebt, was gepredigt wird, ist etwas ganz anderes. Und so erwiderte ich, um die Spannung aus diesem Moment zu nehmen: »Nicht wahr, wenn Sie oben angekommen sind, legen Sie ein gutes Wort für mich ein?«

»Ach Vater«, antwortete sie, »ich kann es kaum erwarten, Gott alles über Sie zu erzählen.«

»Also«, sagte ich kleinlaut, »bitte nicht *alles.*«

Wir alberten ein bisschen herum und ich betete mit ihr. Wir dankten Gott für das wunderbare Leben und all die Geschenke, die sie hatte empfangen dürfen, und für die Gelegenheiten, die Gott ihr gegeben hatte, diese Geschenke mit anderen zu teilen, indem sie Frieden, Freude, Liebe und Sinn in so viele von deren Leben gebracht hatte. Wir dankten Gott für die Menschen, die in ihr Leben getreten waren, ihr etwas bedeutet und ihr geholfen hatten, sich geschätzt und glücklich zu fühlen. Ich weiß, dass die Welt ein besserer Ort ist, einfach weil sie darin gelebt hatte. In jener Nacht starb sie friedlich – ohne Angst vor dem Sterben, weil sie bei Gott sein wollte. Eine einfache Frau, deren Glaube und Hingabe an Jesus und Maria ihr Herz geöffnet und sie geführt hatten, bis sie zu Füßen eines barmherzigen Gottes stand, Der darauf wartete, sie zu feiern, sobald sie in der Göttlichen Präsenz angekommen war.

Wenn ich diese beiden Erlebnisse mit Priestern und Ordensbrüdern auf der ganzen Welt teile, bin ich immer wieder erstaunt, wie viele der älteren Männer und Frauen mir sagen, sie gehörten zu der ersten Kategorie. Sie haben Angst vor dem Sterben, weil sie sich vor der Begegnung mit Gott fürchten. Ihnen graut vor Gottes Urteil und Bestrafung. Sie sind ängstlich, weil sie sich dem Lebensende nähern und Gott kaum kennen. Sie scheinen in einer Glaubenspraxis an einen kleinen Gott festzustecken, die sie auf einen Karfreitag-Jesus beschränkt und es ihnen nicht erlaubt, den Gott zu entdecken, Der am Ostersonntag auferstanden ist. Und sie rufen verzweifelt um Hilfe!

Erst kürzlich beklagten sich zwei prominente Teilnehmer einer unserer jesuitischen Klausuren mit den Worten: »Wir sind ins Klausurhaus gekommen, um uns spirituell speisen zu lassen, nicht um spirituell herausgefordert zu werden.«

Das ist etwas, worüber wir nachdenken sollten: Gehen wir in eine Klausur, in die Kirche, an Seminare und Konferenzen, um spirituell gefüttert zu werden? Ist das unser Ziel, wenn wir beten und erbauliche Bücher lesen? Oder tun wir diese Dinge, um spirituell herausgefordert zu werden?

Das Volk Israel verstand diese Herausforderung des Glaubens gut. Im Buch Deuteronomium erinnert Moses sie daran, wie sie gesagt hatten: »Ich will hinfort nicht mehr hören die Stimme des Herrn, meines Gottes, und das große Feuer nicht mehr sehen, dass ich nicht sterbe« (5 Moses 18.16). Sie wussten, dass die Stimme Gottes zu hören, den Tod bedeutet. Sein heiliges Antlitz (das »große Feuer«) zu sehen, ist eine Einladung, gegenüber unserer eigenen Selbstsucht zu sterben. Es ist eine Herausforderung, das eine Prozent der Welt, das physisch ist, zu überschreiten und sich in Richtung der neunundneunzig Prozent zu bewegen, die spirituell sind.

Im Exodus gibt es eine ziemlich lustige Stelle, an der das Volk Israel zu Moses kommt und sagt: »Rede du mit uns, wir wollen gehorchen; und lass Gott nicht mit uns reden, wir möchten sonst sterben« (2 Moses 20.19).

Also gehen wir zu unseren Gottesdiensten, vergewissern uns, dass wir die aktuellsten und beliebtesten erbaulichen Bücher lesen, und besuchen alle möglichen Arten von psychospirituellen Wellness-Klausuren und Konferenzen. Und wir gehen wieder weg und fühlen uns gut. Aber ohne die Bereitschaft, uns spirituell herausfordern zu lassen, können und werden wir uns nicht verändern. Ohne den Willen, das aufzugeben, was auch immer von uns verlangt wird, um einem größeren Gott zu begegnen, werden wir feststellen, dass unser Verständnis und unsere Erfahrung des Göttlichen nicht wachsen können und werden.

Versuchen Sie, dies in Ihre Gebets- und Meditationszeiten zu integrieren, und schauen Sie, was passiert. Nehmen Sie diese Art der Bereitschaft mit in ihre Gebete hinein, die Sie in der Stille und im Schweigen Ihres Herzens beten, und Sie werden von Gott verführt werden, wie es bei Abraham der Fall war. Abraham wurde aufgefordert, alles, was er kannte, zurückzulassen – sein Land, seine Verwandten, seine Kultur und seinen Glauben an viele Götter –, und ihm wurde »ein Land, darin Milch und Honig fließen« (2 Moses 3.8) versprochen sowie eine Nachkommenschaft so zahlreich »wie die Sterne des Himmels und der Sand am Ufer des Meeres« (1 Moses 22.17). Gott lud Abraham ein, Ihm durch die Wüste, hin zu diesem neuen Land zu folgen. In dem Land sollte Abraham eine neue Lebensweise kennenlernen und einen größeren Gott entdecken. Mit dieser neuen Beziehung zu Gott sollte Abraham zu einem Segen werden, wo auch immer er hinging.

Gott führte Abraham durch die Wüste, und wenn Sie den Willen zu folgen haben, wird Er auch Sie durch die Wüste führen. Die Wüste steht für einen Ort der Reinigung und der reinen Begegnung mit Gott, ohne Hürden oder Ablenkungen. Die Wüste ist der Ort, an dem Sie die nackte Wahrheit darüber erfahren werden, wer Sie sind – das Ebenbild und Gleichnis Gottes, der Göttliche Atem. Während Sie sich in der Wüste befinden, kommt Gott Sie vielleicht nach Ihrem geliebten Isaak fragen und Sie zu bitten, ihn zu opfern. Isaak war Abrahams Sohn und Gottes eigenes Geschenk an ihn und Sein Versprechen.

Wollen Sie noch immer Gott kennenlernen? Möchten Sie noch immer das Antlitz des Göttlichen sehen? Haben Sie den Willen, Ihre eigene spirituelle und Göttliche Identität zu erfahren und ein Kanal für den Göttlichen Segen zu werden?

3
Sind Sie bereit?

Haben Sie das Antlitz des Göttlichen gesehen?

EINES SONNTAGS BEIM FERNSEHEN ZAPPTE ICH ZUFÄLLIG auf einen Gospel-Sender und hörte, wie ein Prediger seinen Zuschauern mitteilte, er habe eine wichtige Frage für sie. Ich mag zwar nicht immer einer Meinung sein mit allem, was Fernsehprediger sagen, doch ich finde, sie sind mitreißende Redner, und ich war neugierig auf seine Frage. Sie bestand aus drei Worten: »Sind Sie bereit?« Er fuhr fort: »Sind Sie bereit, wenn der Herr kommt? Denn wenn der Herr kommt, wird Er Sie nicht fragen, ob Sie heute in der Kirche waren oder nicht. Wenn der Herr kommt, wird Er Sie nicht fragen, ob Sie ein guter Christ sind. Er wird Sie nicht nach den großen und bewundernswerten Taten fragen, die Sie in Ihrem Leben vollbracht haben. Wenn der Herr kommt, wird Er fragen: ›Hast du Mich erkannt?‹« Und so wechselte ich nicht den Sender, sondern musste einen Moment innehalten, um darüber nachzudenken, weil es etwas war, was ich auch gesagt haben könnte – oder sagen möchte.

»Sind Sie bereit?« »Hast du Mich erkannt?« Kennen Sie Gott? Haben Sie das Antlitz des Göttlichen gesehen?

Dies sind beunruhigende Fragen, da für viele von uns Religion gleichbedeutend ist mit dem Gang zur Kirche. Viele würden wohl antworten wollen: »Ich bin bereit, weil ich jeden Sonntag in die Kirche gehe und alle Gebote einhalte... nun ja, abgesehen von ein paar wenigen.« Doch dies ist nicht die Frage, die der Herr stellen wird. Er wird fragen: »Hast du Mich erkannt?«, »hast du das Antlitz Gottes gesehen?«, »hast du das Göttliche erfahren?«

Meister Eckhart, der große Mystiker aus dem Mittelalter, glaubte, jeder bedürfe der Religion als eines Brunnens, der ihn zum Fluss von Gottes Liebe und zum Göttlichen Leben bringt. Dies ist eine wunderbare Analogie. Brunnen werden vom lebenspendenden Wasser der Flüsse gespeist, doch wie oft wird der Brunnen selbst – und nicht das Wasser, das er bereitstellt – zum Ziel unseres Lebens? Aber da wir einen großen Gott suchen, lassen Sie uns überlegen, ob vielleicht der Brunnen zum Ziel unseres Lebens geworden ist.

Oft ist es so. Wir befestigen unseren Brunnen; wir schmücken und verzieren ihn mit kunstvollen und hübschen Liturgien; wir sagen: »Schaut euch unseren Brunnen an. Schaut, was wir geleistet haben und wie wunderschön er ist.« Und wir werden nie zum Fluss gebracht. Der Zweck des Brunnens ist es jedoch, uns zum Fluss zu bringen. Der Fluss gibt uns Freiheit und Erlösung. Jeder braucht Religion, ja. Religion ist ein Mittel zur Freiheit, sie ist kein Selbstzweck. Religion hilft uns dabei, den Fluss des Lebens und den Fluss der Freiheit zu finden, und es geschieht in diesem Fluss, dass wir die Liebe Gottes und das Göttliche Leben erfahren. Eine Frage, die wir uns stellen müssen, lautet: Wenn wir den Fluss einmal gefunden, die Göttliche Liebe erlebt haben, brauchen wir dann noch den Brunnen? Nachdem Paulus den Fluss in seiner Damaszener Erfahrung gefunden hatte, brauchte er dann noch das mosaische Gesetz?

Viele von uns geben sich mit der sicheren Erquickung durch den Brunnen zufrieden, ohne zu erkennen, dass es diesen Fluss gibt. Eine meiner Studentinnen erzählte mir einmal, ihre Eltern seien gute Menschen – sie würden jeden Sonntag zur Messe gehen und nach den Gesetzen der Kirche leben. Ihr Brunnen ist tief; er scheint ihnen schöner als jeder andere Brunnen. Sie fühlen sich in ihrem Brunnen dermaßen wohl, dass sie sehr wahrscheinlich niemals nach dem Fluss suchen werden. Sie wissen nicht, was sie verpassen oder dass ihnen überhaupt etwas fehlt. Der Vater dieser Studentin war zugegen, als ein Mann, der erst kurz zuvor getauft worden war, seinen Glauben bezeugte. Dieser Mann war von seiner Erfahrung derart überwältigt, dass er zu weinen begann. Später bemerkte der Vater meiner Studentin, dass er den Mann um seine Erfahrung beneide. Er hatte das Gefühl, dass er einer solchen Erfahrung auf immer beraubt sei, da er bereits als Baby getauft worden war und er nie bekehrt werden musste. Anstatt zu spüren, dass dieser Neid vielleicht ein Zeichen dafür sein könnte, dass etwas in seinem Leben unvollständig war oder fehlte, betrachtete er seine Tauferfahrung als vorbei, geschehen, vergangen. Aus diesem Grund würde er sich das mystische Erfahren der Initiation in den Fluss von Gottes Liebe niemals erlauben.

Der Mann, der seinen Glauben bezeugte, war im Fluss getauft worden; der Vater meiner Studentin im Brunnen.

Weshalb sollten wir den Fluss suchen wollen? Die im Fluss Getauften werden eine sich ständig vertiefende Erfahrung machen, ähnlich derjenigen von Jesus, als sich die Himmel öffneten und Gottes Stimme zu hören war: »Du bist Mein lieber Sohn, an dem Ich Wohlgefallen habe« (Markus 1.11). Der Fluss ist dasselbe lebendige Wasser, das Jesus der Samariterin an Jakobs Brunnen beschreibt, als er sagte: »Wer von diesem Wasser trinkt, den wird wieder dürsten; wer aber von dem Wasser trinken wird, das ich ihm gebe, den wird ewiglich nicht dürsten. Das Wasser, das ich ihm geben werde, das wird in ihm ein Brunnen des Wassers werden, das in das ewige Leben quillt« (Johannes 4.13–14).

Wenn der Herr kommt, wird Er fragen: »Hast du Mich erkannt?«, »hast du das Antlitz Gottes gesehen?«, »hast du das Göttliche erfahren?« Haben Sie den Fluss gesehen, oder haben Sie sich so sehr im Brunnen verloren, dass er zur Hürde statt zum Weg an den Fluss geworden ist? Wenn Sie einmal das Antlitz Gottes gesehen haben, *dann* wird der Kirchgang bedeutungsvoll, *dann* macht es Sinn, ein Christ zu sein, und *dann* werden Ihre guten Werke Früchte bringen. Der Brunnen wird dann nicht länger eine Schranke zwischen Ihnen und Gott sein, sondern wird sich zum Fluss hin öffnen und in den Fluss fließen, so wie auch der Fluss in den Brunnen fließt.

4

Den Fluss des Lebens gibt es umsonst

DER PSYCHOLOGE CARL GUSTAV JUNG LEHRTE UNS, DASS der Fluss des Lebens, der Fluss der Göttlichen Liebe, an verschiedenen Orten entspringt. Jedes Mal, wenn eine Quelle entdeckt wird, bauen die Menschen sogleich einen Schrein darum, um das lebenspendende Wasser zu schützen, und nehmen es in Besitz der Religionshüter. Bald schon muss eine Gebühr entrichtet werden und natürlich werden einige Gruppen von Menschen von dieser lebenspendenden Quelle ferngehalten. Das Wasser ist darüber nicht glücklich, und so versiegt es an diesem Ort und beginnt anderswo zu sprudeln, und dann wieder anderenorts, jedes Mal, wenn es eingeschlossen wird.

Jung war der Überzeugung, dass die Quelle des lebenspendenden Wassers heute in unserem Schatten fließt, wie er es nannte, in jener dunklen Seite unserer Persönlichkeit, von der wir dann und wann überrascht werden. Unser Schatten besteht aus den verdrängten Aspekten unseres bewussten Selbsts, also aus jenen Dingen, die das bewusste Individuum in sich selbst nicht akzeptieren will. Beispielsweise hat jemand, der sich als großzügig betrachtet, einen knausrigen und selbstsüchtigen Schatten. Jung glaubte, dass die Quelle lebenspendenden Wassers eher in unserem Schatten als in unserem beschränkenden Ego zu finden sei. Niemand denkt in Zeiten, in denen unser Schatten herrscht, daran, einen Schrein zu errichten, und so bleibt das Wasser, das dort entspringt, frei und glücklich. Gerade dort können wir leichter die Gegenwart des Göttlichen erfahren. Erinnern Sie sich daran, dass die Dämonen stets erkannten, wer Jesus war, bevor seine religiösen Zeitgenossen dies taten. Und manchmal kann Religion zu einem Hindernis dabei werden, den Fluss des Lebens zu erfahren und sich mit dem Göttlichen in Verbindung setzen.

Denken Sie über die folgende Geschichte nach: Da war einmal ein sehr religiöser Mann. Eines Tages hörte er in seinem Gebet die Stimme Gottes, die ihn einlud, auf einen bestimmten Berg zu kommen, wo er das Antlitz des Göttlichen sehen und die Erfahrung von Gottes liebender Umarmung machen könne.

Der Mann beendete sein Gebet und vermochte sich kaum zu bremsen. Er fieberte dem Tag entgegen, an dem er Gott gegenüberstehen sollte, und konnte es fast nicht abwarten. Doch dann überlegte er: Für solch ein wunderbares Geschenk und zur Feier dieser einmaligen Gelegenheit muss ich Gott als Gegenleistung wohl etwas anbieten. Er dachte an Gold, Silber, wertvolle Steine – aber nichts aus dieser materiellen Welt schien gut genug zu sein. Schließlich entschied er sich, einen Tonkrug mit kleinen Kieselsteinen zu füllen. Jeder dieser Kieselsteine sollte eines seiner Gebete, Opfer und guten Taten repräsentieren. Als dann der Krug endlich voll war, lief er den Berg hinauf. Er erreichte den Gipfel und sein Herz zerbarst beinahe vor Aufregung. Doch zu seiner Überraschung konnte er nichts Göttliches sehen oder fühlen. Er fing an zu glauben, er sei getäuscht worden, ein Opfer eines Göttlichen Streichs. Seinen Krug im Arm, brach er zusammen und begann zu weinen. Genau in diesem Moment hörte er wieder Gottes Stimme: »Ich warte darauf, Mich dir zu zeigen, und wünsche Mir so sehr, dich in Meine liebenden Arme zu schließen, du aber hast ein Hindernis zwischen uns gestellt. Wenn du Mein Göttliches Antlitz sehen und Meine Liebe spüren willst, zerbrich diesen Tonkrug!«

Die Göttlichen Geschenke können nicht *verdient* werden. Wenn wir wahrhaft mit Paulus glauben, dass wir Kinder Gottes und deshalb auch Seine Erben sind (Römer 8.17), stellen diese Gaben Gottes kein Privileg dar, sondern sind unser Recht. Sie gehören uns und wir können sie bedingungslos erleben.

5

Gott – eine Erfahrung, keine Theologie

Gott ist eine Erfahrung.

EIN HEILIGER MANN SASS GANZ OBEN AUF DEM HIMAlaya und stellte ein großes Schild hin, auf dem geschrieben stand: »Für zwei Cent erhalten Sie von mir eine Erfahrung Gottes.« Die Menschen kamen von überall her, um ihn zu treffen. Er wies sie an, ihr Geld in eine kleine Schale neben ihn zu legen, und gab ihnen dann ein paar Zuckerkörnchen. Er sagte ihnen, sie sollen den Zucker essen. Er bat sie nicht, den Geschmack oder die Süße zu beschreiben. Er ließ sie einfach den Zucker essen und ihn erleben. Was ist Süße? Süße kann in einem Chemielaboratorium analysiert werden. Sie kann beschrieben und besprochen werden. Doch je mehr Sie über die *Süße* reden, desto weniger spüren Sie, welche Süße sich in Ihrem Mund befindet. Süße ist eine Erfahrung. Gott ist eine Erfahrung.

Wie kann man die Wirklichkeit Gottes oder Seine Existenz prüfen? Kann man Gottes Existenz *beweisen?* Ich mag Carl Gustav Jungs Definition von Wirklichkeit. Wirklichkeit ist das, was uns bewegt. Alles, was Sie bewegt, ist Wirklichkeit. Gott bewegt mein Leben, also ist Gott für mich wirklich. Gott spornt mich an, also ist Gott für mich wirklich. Gott berührt mich, deshalb ist Er für mich wirklich. Gott eröffnet mir unbeschränkte Möglichkeiten, und daher bin ich lebendig und Gott wird immer wirklicher für mich.

In Indien gibt es eine Gruppe von Stämmen, die lebendige Zeichen dafür sind, dass Gott eine Erfahrung ist. Sie sind die Ureinwohner des Landes. Und sie sind auch die Bevölkerungsgruppe, die am stärksten ausgebeutet wurde. In jenem Teil des Landes, in dem sie wohnen, existiert noch immer das Feudalsystem. Der Feudalherr besitzt das Land, soweit das Auge reicht, und ihm gehört einfach alles, was sich auf diesem Land befindet: die Bäume, das Vieh, die Männer, die Frauen, die Kinder. Er kann mit allem, was sich auf diesem Land befindet, tun und lassen, was immer er will. Er kann allem und jedem auf seinem Land mit Respekt und Ehrerbietung begegnen; aber er kann auch die Männer schlagen, die Frauen vergewaltigen, die Kinder verhungern lassen, und dies ist es auch, was geschieht – und es gibt kein Gesetz, nach dem er belangt werden kann.

Jeden Morgen gehen diese Stammesmitglieder auf den Feldern des Besitzers arbeiten und sie sind glücklich und lachen. Ihr Geschnatter ist weit über die Plantagen hinweg zu hören und es ist frei und leicht. Bei gutem Wetter holen sie abends ihre Trommeln hervor und singen und tanzen die ganze Nacht hindurch. Sie besitzen nur sehr wenig in ihren Häusern. Ihr Haus hat typischerweise zwei Räume: Das Vieh ist im einen Raum untergebracht, die Familie lebt im anderen. Eine Bambuswand trennt das Vieh von der Familie. Diese Menschen haben kaum etwas, und doch sind sie glücklich und feiern das Leben.

Was gibt ihnen diese Freiheit, wenn sie sich doch inmitten von solchem Schmerz und Leid befinden, wenn ihre Männer grundlos geschlagen, ihre Frauen missbraucht werden und ihre Kinder verhungern? Trotz dieses Leidens leben sie ganz und gar. Das heißt nicht, dass sie keinen Schmerz spüren, wenn ihre Männer geschlagen werden. Sie sind zornig, wenn ihre Frauen vergewaltigt werden. Wenn ihre Kinder sterben, trauern sie. Und dennoch hält sie all das Böse, das Teil ihrer persönlichen täglichen Erfahrung ist, nicht davon ab, ihr Leben in Fülle zu leben. Wenn man sie fragt: »Was gibt euch die Freiheit, zu singen und zu tanzen, zu lachen, so ganz und gar lebendig zu sein?«, zeigen sie einem ihre Tattoos. Sie sind auf ihrer Stirn, ihren Schläfen, ihren Handgelenken und ihren Fesseln tätowiert. Jedes Tattoo ist ein Symbol des Göttlichen.

Diese Stämme sind nicht katholisch; sie sind keine Christen; sie sind keine Hindus und keine Buddhisten. Sie gehören keiner Religion an. Sie sind Naturverehrer, doch sie haben die Erfahrung der Wahrheit gemacht und sie besitzen eine Freiheit, die Religion nicht gibt. Sie glauben, dass während ihres Lebens zwar ihre Männer geschlagen und ihre Frauen vergewaltigt werden können und man ihre Kinder verhungern lassen mag, aber niemand kann das Göttliche anrühren, Das in ihrem Leben verwurzelt ist. Sie wissen, dass, wenn sie sterben, ihre Freunde und Verwandten kommen und ihre wenigen Habseligkeiten an sich nehmen werden. Alles kann ihnen genommen werden, doch niemand auf der ganzen Erde kann das Göttliche anrühren, Das ihnen eintätowiert ist. Dies ist ihre Wirklichkeit, ihre Erfahrung und ihre Wahrheit.

6
Auf der Suche nach Wahrheit und Freiheit

Wahrheit ist das, was unser Herz berührt und unser Leben verändert.

ICH WURDE IN GOA GEBOREN UND VERBRACHTE DIE meiste Zeit meines Lebens in Indien. Jedoch habe ich an der Universität von Saint Louis im Herzen Amerikas meinen Doktor gemacht und die letzten fünfzehn Sommer damit verbracht, Studenten jeden Alters zu unterrichten. Ich kann Ihnen aus voller Überzeugung versichern, dass es einen Unterschied gibt zwischen dem östlichen und dem westlichen Verständnis von Wahrheit. Das westliche Verständnis von Wahrheit ist eine Philosophie; es ist eine Reihe von Ansichten, über die man nachdenken und die man *kennen* kann. Das östliche Verständnis von Wahrheit ist eine *Erfahrung;* es ist eine Erfahrung, die der Philosophie widersprechen, der Wissenschaft trotzen und die heiligen Schriften herausfordern kann und dennoch, nach östlicher Auffassung, die Wahrheit ist.

Während meines ersten Semesters als Theologiestudent an der Saint Louis University wurde mir von einem meiner Lehrer entgegnet, ich sei ein Häretiker und werde zur Hölle fahren. Ich hatte zu ihm gesagt: »Ich weiß, dass Jesus eine historische Person ist – ich weiß das. Aber was, wenn uns Schriftgelehrte plötzlich unwiderlegbar erklären würden, dass Jesus niemals existiert habe, dass alles nur ein Mythos sei, eine erfundene Geschichte?« Ich fragte ihn: »Was würde mit Ihnen geschehen?« Mein Lehrer, ein Priester, der seit vielen Jahren Theologie unterrichtete, antwortete: »Wenn diese

Gelehrten mir unwiderlegbar beweisen würden, dass Jesus nicht existiert hat, würde ich mein Priesteramt niederlegen, meiner Religiosität abschwören und mein Christentum aufgeben.« Er sagte, er könnte sein Leben nicht auf einem Mythos aufbauen. Dann fragte er mich: »Und was ist mit Ihnen?« Ich antwortete, dass ich weiterhin für den Mythos sterben würde. Mein Lehrer hatte aus seinem westlichen Verständnis von Wahrheit heraus geantwortet, und ich aus meinem östlichen. Wahrheit ist das, was unser Herz berührt und unser Leben verändert.

Aus östlicher Perspektive betrachtet, wird Wahrheit oft in Schmerz und Leid erfahren, während die Wahrheit, die inmitten von Komfort, Luxus und guten Zeiten erlebt wird, manchmal eine Illusion ist. Wenn wir mit Schmerz konfrontiert werden, mit Leiden, mit Krankheit und Tod, erkennen wir, was Wahrheit ist – Wahrheit wird zu einer Erfahrung. Für einige Bevölkerungsgruppen in Indien ist der Tod als Bedrohung eine tagtägliche Erfahrung. Für sie ist Wahrheit kein Konzept und keine Philosophie. Weil der Tod diesen Menschen Tag für Tag sehr nahe kommt, *leben* sie ihr Leben vollständig. Weil sie vom Übel tyrannisiert werden, *wissen* sie, was Freiheit heißt. Wenn wir vor Schmerz bewahrt sind, wissen wir nicht, was Freiheit bedeutet – Freiheit bleibt dann nur ein Konzept; sie wird nicht zur Erfahrung. Wenn unsere Gesundheit beschützt wird, wenn wir glauben, niemals sterben zu müssen, wissen wir nicht um die Wahrheit, lebendig zu sein. Die Werbung erzählt uns, es gäbe immer ein Morgen: *Sie haben Zeit. Viele, viele Jahre.* Doch für jene Gruppen in Indien bedeutet jeder Tag ein Geschenk, da sie nicht wissen, ob sie morgen noch am Leben sind. So leben sie also ihr Leben tagtäglich in größtmöglicher Fülle, weil sie morgen möglicherweise schon nicht mehr am Leben sind.

Der Buddha erzählte eine Geschichte über Freiheit, die ungefähr so geht: Ein Mann geht auf einer Straße, die durch bewaldetes Gebiet führt. Plötzlich wird er von einem Pfeil niedergestreckt. Der Pfeil steckt in seiner Brust. Der Mann liegt blutend am Straßenrand, als ein anderer daherkommt und ihm helfen will. Als dieser hinzugekommene Mann versucht, den Pfeil zu entfernen, ohne noch mehr Verletzungen zu verursachen, richtet sich der Verwundete mühsam auf und spricht: »Warte, warte... sage mir zuerst: Hast du gesehen, wer den Pfeil abgeschossen hat? Aus welcher Richtung kam er? War der Schütze ein Hindu, ein Christ, ein Buddhist oder ein Muslim? War die Person ein Mann oder eine Frau, reich oder arm, Freund oder Feind, fortschrittlich oder konservativ? War es ein Unfall oder hat die Person absichtlich auf mich gezielt? Welche Art der Bestrafung wird den Schützen erwarten, nachdem er gestorben ist? Glaubst du an die Hölle? Und du – bist du ein Gläubiger? Sieht der Pfeil nach Holz oder Stahl aus? Hast du etwas gesehen – irgendetwas?« Der andere Mann sagt: »Was ich sehe, ist, dass du Schmerzen hast, dass du leidest und dass du sterben wirst, wenn wir diesen Pfeil nicht entfernen können. Also hör bitte auf, sinnlose Fragen zu stellen und lass mich dir helfen.« Er reißt am Schaft des Pfeils, und als dieser hinausgezogen ist, hört der Schmerz auf – und ebenso die nutzlosen Fragen des Verwundeten.

Freiheit ist eine Erfahrung, die man am besten versteht, indem man sie lebt; aber zuerst müssen Sie den Pfeil Ihrer Knechtschaft entfernen, ohne sich dabei tödliches Leid zuzufügen. Wie der verletzte Mann in dieser Geschichte, der zu aufgewühlt ist, das zu tun, was getan werden muss, werden Sie durch den Schmerz Ihres eigenen inneren Pfeils von einem Leben in Fülle abgehalten. Die meisten Religionsstifter lehren uns, wie wir das Leben in dieser Welt wirkungsvoll und frei leben können. Erst wenn wir innere Freiheit zu erfahren beginnen, eröffnet sich uns der Weg zu einem unbegrenzten Gott.

7
Kann man religiös sein, ohne Gott zu kennen?

Wie kann jemand in seinem Leben den Unterschied erkennen zwischen dem bloßen Praktizieren einer Religion und der tatsächlichen Entwicklung einer lebendigen Beziehung zu Gott?

DIE HEILIGE SCHRIFT ERZÄHLT IM ALTEN TESTAMENT die Geschichte des Jungen Samuel, der sein Leben im Allerheiligsten des jüdischen Tempels verbrachte. Samuel war seiner Religion sehr verbunden. Wie jede Religion war auch seine eine Komposition aus Glaubensbekenntnis, Gesetzbuch, Kultus und Gemeinschaft. Er kannte das Glaubensbekenntnis (woran zu glauben war), folgte dem mosaischen Gesetz (wie man sich zu benehmen hatte), übte den Kultus genauestens aus (verrichtete die Rituale und praktizierte die Traditionen) und wurde als ein potenziell bedeutendes Mitglied der Gemeinde angesehen. Dennoch schien er keine Beziehung zu Gott zu haben. Als Gott ihn rief, erkannte Samuel Ihn nicht. Genauso war es um den Hohepriester Eli bestellt, der sein ganzes Leben im Tempel verbracht hatte: Sogar *er* erkannte Gott nicht. Kann jemand einer Religion angehören, ohne Gott zu kennen? Kann ein Mensch Gott kennen, ohne dass er einer organisierten Religion angehört?

Wie kann jemand in seinem Leben den Unterschied erkennen zwischen dem bloßen Praktizieren einer Religion und der tatsächlichen Entwicklung einer lebendigen Beziehung zu Gott? Nach meinen Erfahrungen und Beobachtungen ist es so, dass diejenigen, die ohne eine aktive Beziehung zu Gott Religion praktizieren, *Wohltätigkeit* praktizieren, während diejenigen, die eine Beziehung zu Gott haben, ein Leben im *Mitgefühl* führen. Um Ihnen ein Gefühl dafür zu geben, was ich mit diesen Wörtern meine, würde ich es so beschreiben: Ich tue Wohltätigkeitsarbeit, wenn ich die Situation selbst steuern kann. Ich kann entscheiden, wem ich helfen will, wie lange ich diesen Dienst ausüben werde und welchen Preis ich bereit bin, dafür zu zahlen. Schlussendlich entscheide *ich*. Wenn ich hingegen mitfühlend bin, entscheide nicht ich. Nicht ich steuere – ich werde in die Situation hineingezogen. Es ist mir egal, wer diese Person ist oder was sie von mir braucht oder wieviel Zeit ich mit ihr verbringen werde oder welchen Preis ich dafür zu zahlen habe. Die Konsequenzen, die sich aus dem Ruf nach mitfühlendem Handeln im gegenwärtigen Moment ergeben, sind zweitrangig.

Der Unterschied zwischen Religion und einer lebendigen Beziehung zu Gott ist anhand einiger Beispiele sehr leicht zu veranschaulichen.

Während meines ersten Fachsemesters an der Universität von Saint Louis wurde ich eingeladen, eine *Pizza-Messe* zu halten. Ich fand schnell heraus, dass es sich dabei um eine ziemlich normale Messe handelte, außer dass es danach für alle Teilnehmenden Pizza geben sollte. Zu dieser Messe trafen sich Studenten aus dem ganzen Campus in der Kapelle eines Studentenwohnheims. An jenem Abend hatten wir einen wunderbaren Gottesdienst – eine, wie ich fand, stimmige Liturgie und eine andächtige Messe. In den stillen Momenten schaute ich hoch und sah, dass die Studenten beteten. Die Gesänge waren schön und es gab – das mögen die Studenten immer besonders gern – eine Menge Umarmungen zu Beginn, in der Mitte und am Ende der Messe.

Die Messe endete und alle waren zufrieden, bis jemand sagte: »Wo ist die Pizza?« Und natürlich fielen die Studenten mit ein in den Chor: »Was ist mit der Pizza los? Warum ist die Pizza nicht hier?« Die junge Frau, die sich um die Pizza zu kümmern hatte, sagte: »Dieser Bursche hat mich noch nie hängen lassen. Jedes Mal, wenn ich Pizza bestellt habe, war er frühzeitig da und hat die Pizzen geliefert.« Also ging sie, den Chef der Pizzeria anzurufen, um ihm mitzuteilen, dass noch niemand mit den Pizzen aufgetaucht sei.

Als sie zur Gruppe der Studenten zurückkam, die gerade gebetet und die Eucharistie zusammen gefeiert hatten, berichtete sie: »Ich habe mit dem Chef telefoniert und er sagte, dass der Mann, der die Pizzen ausliefern sollte, niedergestochen worden sei. Er selbst habe noch immer das Blut des Auslieferers auf seiner Kleidung und habe ihn eigenhändig ins Krankenhaus gefahren. Er hat niemand anderen, der unsere Pizzen bringen kann, aber wenn wir Autos hätten, könne er sie uns geben.« Was jetzt geschah, schockierte mich. Einige der Studenten taten sich zusammen, um die Pizzen abzuholen, und als sie zurückkehrten, ging das Fest weiter, als ob nichts geschehen wäre. Ein Mensch war niedergestochen worden; dieser Mensch könnte sterben. Gewiss hatte er eine Mutter und eine Familie. Doch den Studenten war das egal. Ich fragte mich: Nachdem ich gerade eben das Abendmahl gefeiert habe, fühle ich mich dem menschlichen Leid verbunden?

Diese Geschichte illustriert etwas, von dem ich denke, es könnte ein unbeantworteter Ruf nach Mitgefühl gewesen sein. Die folgende schildert das Beispiel einer Person, die sich selbst erlaubte, im Mitgefühl zu handeln, als sie dazu aufgerufen wurde.

Vor einigen Jahren, als meine Mutter im Sterben lag, war sie im Krankenhaus und brauchte eine Bluttransfusion. Eines unserer Jesuiten-Colleges gab meiner Schwester eine Namensliste mit passenden Blutspendern, und sie setzte sich ans Telefon und begann, Menschen von dieser Liste anzurufen. Der letzte Anruf, den sie machte, wurde von einer Hindu-Frau entgegengenommen, die sagte: »Mein Sohn ist heute nicht in der Stadt – was möchten Sie denn von ihm?«

Meine Schwester antwortete: »Ich habe diese Liste von seinem College erhalten. Ihr Sohn hat die gleiche Blutgruppe wie meine Mutter, die im Krankenhaus liegt und Blut braucht.«

Die Frau teilte meiner Schwester mit: »Ich habe dieselbe Blutgruppe wie mein Sohn. Ich komme vorbei.« Sie kam also zum Krankenhaus und aus irgendwelchen Gründen konnte das Personal an jenem Morgen ihr nicht das Blut abnehmen, aber die Hindu-Frau verbrachte den ganzen Vormittag und den ganzen Nachmittag mit meiner Schwester und war ihr eine Mutter. Sie war eine Fremde. Sie kannte unsere Familie nicht. Wir gehören nicht derselben Religion an. Wir haben keinen Kontakt mehr zu ihr. Doch an jenem Tag hatte sie gesagt: »Ich habe dieselbe Blutgruppe wie mein Sohn. Ich komme vorbei, um mein Blut zu spenden«, und hatte meiner Schwester den ganzen Vormittag und den ganzen Nachmittag Gesellschaft geleistet und war ihr eine Mutter gewesen. Das ist für mich ein Akt des Mitgefühls, nicht der Wohltätigkeit.

Wenn Not herrscht und derjenige, der antwortet, sich noch nicht einmal Zeit nimmt zum Nachdenken – *das* ist Mitgefühl. Sie bewegen sich einfach. Sie antworten nur. Da ist kein Selbstbewusstsein. Sie zögern nicht, um abzuwägen: Ist die Situation den Preis wert, den ich dafür zu zahlen habe? Sie halten nicht inne, um zu überlegen: Welche himmlische Belohnung bekomme ich wohl für diese gute Tat? Sie handeln einfach. Weil Sie sich – auf eine Weise, die Ihnen noch nicht einmal bewusst ist – im Fluss des Göttlichen Mitgefühls befinden. Vielleicht werden Sie nun einwenden, es handle sich hier um kulturelle Unterschiede, aber ich denke, ich könnte Ihnen zeigen, dass Wohltätigkeit genauso wie Mitgefühl gleich aussehen, egal auf welcher Seite des Globus man sich befindet.

Nehmen wir ein extremeres – ein höchst unrealistisches – Beispiel, das aber dennoch dazu dienen kann, den Punkt zu verdeutlichen, ohne dass ein besonderer kultureller Zusammenhang vorliegt. Ein junger Mann und eine junge Frau haben gerade geheiratet und leben zusammen in einer Wohnung. Eines Nachts bricht ein Mann in ihr Zuhause ein und bedroht den Ehemann mit einer Waffe. Der Einbrecher zeichnet einen engen Kreis um den jungen Mann und sagt: »Wenn du nur einen Schritt aus diesem Kreis wagst, bringe ich dich um.« Der Einbrecher bewegt sich nur ein paar wenige Schritte weiter, vergewaltigt die Frau vor den Augen des Mannes und rennt dann aus der Wohnung. Sobald der Einbrecher fort ist, springt der Ehemann auf, glücklich und erleichtert. Die Frau fragt: »Worüber freust du dich? Du hast doch gesehen, was er mir angetan hat. Er hat mich vergewaltigt!« Doch ihr Mann entgegnet: »Aber meine Liebe, du weißt ja nicht, dass ich, als er nicht hinsah, dreimal meinen Fuß aus dem Kreis hinausgesetzt habe.«

Das ist Wohltätigkeit. Wenn Menschen verletzt sind, wenn Menschen vergewaltigt werden, wenn es dermaßen viel Ungerechtigkeit und Unterdrückung gibt, und ich vor Glück auf und ab hüpfe, weil ich einer Wohltätigkeitsorganisation Geld überwiesen oder Hilfsgüter gespendet habe. Ich bin in ein Obdachlosenheim gegangen und habe übers Wochenende mitgeholfen. Ich habe meine Zeit gegeben, mein Geld, meinen Besitz – und ich hüpfe auf und ab, weil ich etwas getan habe und zufrieden mit mir bin.

Ich sage nicht, dass dies schlecht ist, also bitte verstehen Sie mich nicht falsch. Wohltätigkeit ist gut. Wohltätigkeit ist wunderbar. Machen Sie weiter damit. Fahren Sie fort, denn es ist besser, etwas zu tun, als in derartigen Situationen nichts zu tun. Doch diese Liste mit guten Taten zählt nicht, wenn Sie hinauf in den Himmel kommen. Denn wenn Jesus sagt: »Ich war hungrig und du gabst mir zu essen«, und Sie antworten: »Ja«; wenn er sagt: »Ich war durstig und du gabst mir zu trinken«, und Sie antworten: »Ich erinnere mich« – dann werden Sie Jesus plötzlich sagen hören: »Ich rede nicht von dir. Ich spreche von denjenigen, die antworten: »Herr, *wann* haben wir dich hungrig gesehen und gaben dir zu essen? *Wann* haben wir dich dürsten gesehen und gaben dir zu trinken? Wir erinnern uns nicht.« Dies sind die Menschen, die Mitgefühl praktizieren. Wenn Sie Mitgefühl praktizieren, führen Sie nicht Buch darüber. Sie machen sich keine Notizen. Sie nehmen nicht Ihren Buchhalter und Ihr Scheckbuch mit in den Himmel. Wenn Sie das tun, werden diese sich gegen Sie richten.

Menschen, die eine lebendige Beziehung zu Gott haben, sind Menschen, die durch ihr Mitgefühl leben. Wann immer sie etwas tun, um einem anderen zu helfen, wundern sie sich, wie man daraus eine große Sache machen kann. »Würde nicht jeder tun, was wir soeben getan haben?«, ist ihre spontane Antwort. Aufgrund ihrer lebendigen Beziehung zum Göttlichen erfahren sie eine Verbundenheit mit dem Rest der Menschheit und der ganzen Schöpfung. Was dem einen geschieht, wird sich auf den ganzen Rest auswirken.

8

Von der Wohltätigkeit zum Mitgefühl

Diese menschliche Verbundenheit durch unsere Göttliche Verbindung zu erfahren, ist der Übergang von der Wohltätigkeit zum Mitgefühl.

IN EINER SEINER GESCHICHTEN ERZÄHLT JOSEPH CAMPbell, der amerikanische Schriftsteller und Professor für Vergleichende Religionswissenschaften und Mythologie aus dem zwanzigsten Jahrhundert, von einem Berg in Bali, zu dem Menschen aus aller Welt kommen, um die Macht des Windes zu erleben, der aus den Tälern weht. Es ist auch ein Ort, an den Menschen gehen, um Selbstmord zu begehen. Joseph Campbell erzählt von einem Mann, der dorthin ging, um sich das Leben zu nehmen; er wollte von diesem Berg springen und sich umbringen. Zur selben Zeit fuhren zwei Polizisten durch das Gebiet, und derjenige, der nicht am Steuer saß, sah den Mann, der kurz davor stand zu springen. Der Polizist riss die Wagentür auf, rannte zu dem Mann und fing ihn, gerade als dieser sich hinunterfallen ließ. Der Springer hing über dem Abgrund, vom Polizisten festgehalten, und begann, diesen langsam mit in den Tod zu reißen. Der Polizist kam nicht gegen die Kraft an, die ihn langsam in die Tiefe zog. Wäre da nicht sein Kollege gewesen, der im genau richtigen Moment dazukam, um seinen Partner zu packen, und somit den beiden half, sich nach oben zu ziehen, wären beide Männer gestorben.

Natürlich waren sogleich auch die Medien vor Ort. Fernsehkameras, Reporter und Schaulustige beobachteten voller Staunen, was sich da abspielte. Und alle fragten den Polizisten: »Warum haben Sie den Mann denn nicht losgelassen und sich in Sicherheit gebracht? Sie hätten nur loslassen müssen und wären in Sicherheit gewesen!« Der Polizist antwortete: »Wenn ich diesen Mann losgelassen hätte, wäre ich nicht fähig gewesen, auch nur einen einzigen Tag weiterzuleben.« Er sagte, sicherlich, der Springer sei ein Fremder gewesen, vielleicht sogar ein Krimineller oder jemand, der sich dennoch umbringen werde. Aber dieser Mann sei ein Teil von ihm. »Ich war in die Situation hineingezogen, hineingesaugt worden. Als ich den Mann festhielt, dachte ich nicht an meine Frau, die mich über alles liebt und die ich von ganzem Herzen liebe. Ich dachte nicht an meine kleinen Kinder, die mir so viel bedeuten und die von mir abhängig sind. Und zuallerletzt dachte ich an meine Karriere. Alles, was ich denken konnte, war: Wenn ich den Mann loslasse, werde ich keinen einzigen Tag weiterleben können. Wäre dieser Mann gestorben, wäre auch ein Teil von mir gestorben.«

Das ist Mitgefühl: Wenn Sie so wach für das Leben sind, dass *das Leben Sie wählt* – nicht Sie wählen das Leben. Was auch immer die Religion dieses Polizisten gewesen sein mag, sein Gott war ein Gott des Mitgefühls.

Hören Sie nicht auf, wohltätig zu sein, doch bitten Sie um die Gnade, mehr und mehr mitfühlend zu sein. Denn wenn Sie eine Beziehung zu Gott haben, wenn Sie mitfühlend sind, werden Sie Gott überall erfahren. Wenn Sie eine Beziehung zu einem mitfühlenden Gott haben, geschehen gute Dinge, *wunderbare* Dinge. Im Mitgefühl feiere ich das Gute, weil dieses Gute ebenso ein Teil von mir ist. Wenn irgendein Mensch in der Welt etwas ganz Besonderes tut, bin ich zu dieser Person hingezogen und auch ich fühle mich besonders. Ich habe teil an dieser Erfahrung, weil jene Person Teil von mir ist. Wenn jemand feiert, feiere ich mit dieser Person. Wenn jemand verletzt, verletze ich mit dieser Person. Ich bin also Teil des Lebens eines jeden Menschen, und jeder Mensch ist Teil meines Lebens. Diese menschliche Verbundenheit durch unsere Göttliche Verbindung zu erfahren, ist der Übergang von der Wohltätigkeit zum Mitgefühl.

9

Haben Sie eine lebendige Beziehung zu Gott oder praktizieren Sie lediglich Religion?

In einer lebendigen Beziehung zu Gott
sind wir damit verbunden und davon betroffen,
was irgendjemandem *in diesem Leben zustößt.*

HIER IST EIN KLEINER TEST, MIT DEM SIE HERAUSFINDEN können, ob Sie eine lebendige Beziehung zu Gott haben oder ob Sie lediglich Religion praktizieren: Stellen Sie sich vor, Sie wären ein Passagier auf der *Titanic,* die gerade am Sinken ist. Dann malen Sie sich aus, wie Sie ganz allein, sicher und geborgen, in einem Rettungsboot sitzen. Um Sie herum kämpfen Kinder darum, sich über Wasser zu halten. Sie sind in der Lage, diese zu fassen zu bekommen und sie alle zu retten. Doch etwas weiter entfernt schwimmen Ihre Angehörigen – Ihr Vater, Ihre Mutter, Ihre Brüder und Schwestern, vielleicht Ihre Kinder, vielleicht der Mensch, mit dem Sie verheiratet sind, vielleicht die Liebe Ihres Lebens. Wenn Sie nicht versuchen, zu ihnen hinzukommen, werden ihre Angehörigen ganz gewiss alle untergehen und ertrinken. Unglücklicherweise können sie nicht die Kinder *und* Ihre Lieben retten. Wen würden Sie aus dem Wasser ziehen?

Nun, wenn Sie die Kinder, die näher bei Ihnen sind, retten und schmerzerfüllt dabei zusehen, wie Ihre Lieben sterben, sind Sie erfüllt von Mitgefühl, das aus einer tiefen Beziehung mit dem Göttlichen stammt. Ihr Gott ist ein unendlicher Gott, Der alle miteinander verbindet und vereint. Wer ist mein Vater, meine Mutter, meine Brüder und Schwestern? *Jeder* ist es. Und wenn Sie Ihre Hand nach Ihren Lieben ausstrecken, weil diese Sie unterstützt und sich um Sie gesorgt haben und Sie sich aufgrund gegenseitiger Zuneigung und Verpflichtung irgendeiner Art mit ihnen verbunden fühlen, ist das gut; doch dann praktizieren Sie Wohltätigkeit, die von Religion herrührt und bei der das Selbst der Beweggrund ist. Diese Handlung der Wohltätigkeit ist gut, doch wir müssen danach streben, das Ideal des Mitgefühls zu verwirklichen.

Lassen Sie uns also um die Gnade bitten, mitfühlend sein zu können. In einer lebendigen Beziehung zu Gott sind wir damit verbunden und davon betroffen, was *irgendjemandem* in diesem Leben zustößt. Mit einem unendlich großen Gott verblasst die Hautfarbe, verblasst das Glaubensbekenntnis. Gut und Böse verblassen. Wir können hinausschauen über Hautfarbe, über Religion, über das moralisch Richtige oder Falsche einer Person. So wie Jesus sagte: »Ich verurteile die

Sünde, doch niemals den Sünder«. Der Sünder bin auch ich. Ich lobe die Tugend, doch auch die tugendhafte Person bin ich. Dann weiß ich, dass ich in einer lebendigen Beziehung zum Göttlichen stehe: Wenn ich mich in einem Zusammenhang mit dem inneren Wesen einer anderen Person sehe und mich genauso um die Welt wie um mich selbst sorge.

Als ich den soeben geschilderten Fall meinen Studenten an der Universität vorlegte, erhob einer den Einwand: »Also gibt es im Mitgefühl keine Freiheit!« Doch ich erwiderte ihm: Zur Freiheit gehören die Antwort und die Fähigkeit. Die Fähigkeit zu antworten, bedeutet Freiheit. In der Wohltätigkeitsarbeit ist meine Fähigkeit zu antworten begrenzt: auf die Menschen, denen zu helfen ich mir aussuche, auf die Zeit, die zu investieren ich gewillt bin, und auf den Preis, den zu zahlen ich bereit bin. Im Mitgefühl ist die Fähigkeit zu antworten vollkommen.

10

Wollen Sie Frieden – ohne mit der Wimper zu zucken?

Wenn Sie Frieden wollen, arbeiten Sie für den Frieden. Antworten Sie mit Frieden. Seien Sie Frieden.

ES GAB EINMAL EINEN GENERAL, DER FÜR SEINE BOShaftigkeit bekannt war. Er war brutal und gnadenlos. Er überfiel ein kleines Dorf, an dem sein Heer vorüberzog. Jeder Dorfbewohner kannte den Ruf des Generals und alle liefen davon – alle außer einem Mann. Als der General das Dorf betrat, traf er auf diesen Mann, der ruhig unter einem Baum saß. Der General ging auf den Mann zu und sagte: »Weißt du, wer ich bin? Weißt du, wozu ich imstande bin? Ich kann dich mit meinem Schwert durchbohren, ohne auch nur mit der Wimper zu zucken.« Und der Mann antwortete: »Ich weiß.« Er betrachtete den General und fuhr fort: »Aber weißt du auch, wer ich bin und wozu ich fähig bin? Ich lasse es dich einfach tun – ohne mit der Wimper zu zucken.«

Ich lasse es dich einfach tun, ohne mit der Wimper zu zucken. Dies ist eine wunderbare Geschichte. Und da wir dabei sind, uns die Unterschiede zwischen dem Praktizieren von Religion und einer lebendigen Beziehung mit dem Göttlichen vor Augen zu führen, ist es erhellend, darüber nachzudenken, wie wir im Falle eines Angriffs antworten, und über unser Verhältnis zum Frieden. Es ist offensichtlich, dass das Verhalten des Generals nicht richtig ist. Es ist nicht gut. Es ist nicht gesund. Doch was ist unsere Reaktion auf solch ein Benehmen? Was bringen wir unseren Kindern bei? Antworten wir mit: »Wir müssen diesen Mann bestrafen. Wir müssen ihn zerstören.«? Falls dem so ist, falls unsere Reaktion ein »Auge um Auge und Zahn um Zahn« ist, sind wir keinen Deut besser als der General. Und dieser General – oder wer sich so verhält wie er – ernährt sich aus unseren, negativen, zerstörerischen Gedanken und Verhaltensweisen, saugt sie in sich auf.

Doch wenn meine Reaktion – so wie die Antwort des Mannes in dem Dorf und wie Jesus es uns lehrt – eine friedliche ist, eine versöhnende, dann biete ich eine bessere Alternative an, und genau diese Reaktion beginnt *tatsächlich,* den Unterschied zu machen. Wenn meine erste Reaktion darin besteht, diesen General und sich ähnlich aufführende Menschen als nicht weniger menschlich anzusehen – sondern als Göttliche Wesen –, dann fängt diese Welt an, ein anderer Ort zu werden.

Hiermit schlage ich nicht vor, unseren Kindern beizubringen, sich niedermetzeln zu lassen; wir müssen alles in einer zivilisierten Welt Machbare tun, um die Schwachen und Schutzbedürftigen zu beschützen. Die Herausforderung liegt darin festzulegen, was unser letztendliches Ziel ist. Wollen wir diese Person bestrafen, töten, ausradieren? Oder wollen wir eine Lösung? Wollen wir Frieden?

Wenn Sie Frieden wollen, arbeiten Sie für den Frieden. Antworten Sie mit Frieden. Seien Sie Frieden.

Es ist wie in den Lehren Jesu: Wenn uns jemand auf die rechte Wange schlägt, halten wir ihm auch die linke hin. Und wir tun dies nicht aus Hilflosigkeit, sondern weil wir stark sind.

Jetzt könnten Sie fragen: »Okay, aber *wie* tue ich das?« Nun, wenn Sie sich ändern möchten, müssen Sie zunächst einmal damit beginnen, einen Gedanken zu verändern. Alles beginnt mit einem Gedanken. Verändern Sie Ihr Denken, verändern Sie einen Gedanken, und Sie werden ein veränderter Mensch sein. Dieser Gedanke wird sich in Ihren Worten ausdrücken, wird Ihre Gefühle beeinflussen und wird Ihr Verhalten lenken. Und die Worte, Gefühle und Verhaltensweisen, die Sie in die Welt hinaussenden werden, beeinflussen die Welt um Sie herum. Fangen Sie damit an, es täglich nur zwei Minuten lang zu tun. Es wird zu einer Sucht. Das ist eine Veränderung.

Können Sie nur einen Gedanken verändern? Können Sie mit Ihrem Verstand, in Ihrem innersten Bewusstsein, genügend genau wissen, wer Sie sind, um Frieden zu denken, in Frieden zu handeln, Frieden zu sein – ohne auch nur mit der Wimper zu zucken?

II

Vier Wege, sich mit Gott zu verbinden

Als Jesus auf Erden wandelte, versuchte er nicht, eine neue Religion zu gründen – er wollte, dass wir das Göttliche erfahren.

DIE »GEISTLICHEN ÜBUNGEN«, DER KLASSISCHE TEXT des heiligen Ignatius von Loyola, beginnen mit der Aussage, wir seien geschaffen worden, um Gott, unseren Herren, zu loben, zu verehren und Ihm zu dienen. Wenn Ignatius sagt »lobt«, »verehrt« und »dient Gott, unserem Herrn«, spricht er von einer Beziehung zu Gott. Er lädt uns ins Einssein und in die Gemeinschaft mit dem Göttlichen ein. Ignatius möchte, dass wir jedes und alle Mittel finden, um Gott zu suchen und unsere Beziehung zum Göttlichen zu vertiefen.

Wer ist Ihr Gott? Jesus stellte seinen Jüngern einmal die Frage: »Was sagen die Leute, wer ich sei?« Und dann forderte er sie heraus: »Was sagt ihr, wer ich sei?« Die Jünger Jesu hatten unterschiedliche und sehr persönliche Antworten auf diese Frage: Für Petrus war er »der Meister«, für Johannes »der Herr«, Thomas antwortete mit »mein Herr und mein Gott«, und Maria Magdalena rief: »Rabbi.«

Die Frage von Jesus hallt noch immer durch die Zeiten und sucht nach einer persönlichen Antwort von jeder und jedem von uns, die seinem Ruf Beachtung schenken. Wer ist Gott für mich? Habe ich eine Beziehung zu Gott oder ist meine Religion lediglich ein Ritual? Und falls ich eine Beziehung zu Gott habe, was für einen Gott habe ich dann? Einen beschränkten Gott oder einen unendlichen Gott? Einen Gott nach menschlichen Maßstäben oder einen Gott,

Der immer und immer überraschender, liebender, barmherziger, beeindruckender und erhabener wird?

Lassen Sie uns zum Pentateuch, den ersten fünf Büchern der Bibel, zurückkehren, die uns dabei helfen können, unsere Beziehung zu Gott zu klären und zu verstehen, wer Gott für uns ist. Im Pentateuch finden wir vier verschiedene Gotteserfahrungen, vier unterschiedliche Wege, die Frage, wer Gott ist, zu beantworten. Wer ist *mein* Gott?

Erinnern Sie sich daran, dass Jesus nicht nach einer Theologie über Gott fragt, sondern nach einer persönlichen Erfahrung des Göttlichen. Als Jesus auf Erden wandelte, versuchte er nicht, eine neue Religion zu gründen – er wollte, dass wir das Göttliche erfahren. Jesus sagte uns: »Ich bin gekommen, damit sie das Leben haben und es in Fülle haben« (Johannes, 10.10), und er betete zu Gott, »auf dass sie alle eins seien, gleichwie Du, Vater, in mir und ich in Dir« (Johannes, 17.21). Die Fülle des Lebens kommt aus der Vermischung mit dem Göttlichen.

12

Gott gefallen – die priesterschriftliche Erfahrung

DIE ERSTE GOTTESERFAHRUNG IM PENTATEUCH FINDET sich im Kapitel eins des Buches Genesis – in der ersten Schöpfungsgeschichte. Am Anfang war Chaos, war Verwirrung, war Leere, war Dunkelheit auf der Erde. Aus diesem Chaos der Verwirrung brachte Gott eine gute und schöne Schöpfung hervor. Am sechsten Tag sagte Gott: »Lasst Uns Menschen machen, ein Bild, das Uns gleich sei« (1 Moses 1.26), und Er schuf sie als Mann und Frau. Und Gott sah, dass das, was Er geschaffen hatte, sehr, sehr gut war. Gott war zufrieden mit dem von Ihm Erschaffenen. Am siebten Tag ruhte Gott, heiligte diesen und nannte ihn »Sabbat«.

Dies ist der Gott der priesterschriftlichen Tradition. Lassen Sie mich das erklären: In der Gotteserfahrung, die wir im ersten Kapitel Genesis finden, ist Gott der Große Andere und der Schöpfer aller Dinge. Es besteht Ordnung und eine Hierarchie in der Schöpfung. Die Menschen sind die Krönung von Gottes Schöpfung, und Er teilt mit ihnen Seine Herrschaft über die ganze Schöpfung. Der Sabbat ist die Achse, die in dieser Tradition alles zusammenhält. Am Sabbat kamst du in den Tempel, und im Tempel war der Priester, der zwischen dir und Gott vermittelte. Die Menschen näherten sich Gott durch den Priester, das Ritual und den Tempel.

In der priesterschriftlichen Tradition muss die Liebe Gottes verdient werden, indem man das Göttliche durch Gebet, gute Werke und Gehorsam gegenüber den Ritualen der Kirche zufriedenstellt. Und Gott zu gefallen, ist ein wirkungsvoller Weg, in der Beziehung zu Gott zu wachsen.

Wie können Sie erkennen, ob Ihr Gott ein priesterschriftlicher Gott ist? Wenn Sie glauben, dass Sie einen Priester als Brücke brauchen, der Ihnen dabei hilft, sich mit Gott zu verbinden, dann ist Ihr Gott ein priesterschriftlicher Gott. Wenn Sie glauben, dass die Priester und die Rituale der Kirche Sie in Richtung Gnade führen, dann steht Ihre Erfahrung Gottes in der priesterschriftlichen Tradition. Wenn Sie in der Angst leben, dass Gott Ihnen Seine Liebe entzieht, falls Sie Ihn nicht genügend zufriedenstellen, dann ist Ihr Gott ein priesterschriftlicher Gott. Wenn es so ist, dass Sie beim Nachdenken über Ihr Leben von der Kindheit bis heute, finden, dass Sie stets jedermann zufriedenstellen wollten, dann ist Ihr Gott wahrscheinlich ein priesterschriftlicher Gott. Wenn Sie glauben, dass ehrerbietiges Befolgen der Glaubensvorschriften und Traditionen Ihrer Religion das ist, was Gott von Ihnen verlangt, und dass, falls Sie dies Ihr ganzes Leben lang tun, Gott Sie mit dem Einlass in Sein himmlisches Königreich segnen wird, dann beziehen Sie sich auf Gott in der priesterschriftlichen Tradition. Wenn Ihre Vision vom Himmel eine von »heilig, heilig, heilig« singenden Engeln, von Weihrauch und Kerzen ist – dann ist Ihr Gott der priesterschriftliche Gott, der Große Andere.

13

Der Gott der Zerrissenheit – die jahwistische Erfahrung

IM ZWEITEN GENESIS-KAPITEL BEGINNT GOTT, ALLES noch einmal zu erschaffen. Was war geschehen? Hatte Er vergessen, dass Er die Welt bereits erschaffen hatte? War Er enttäuscht über das, was Er erschaffen hatte? Nein. Es ist ein Ausdruck einer anderen Gotteserfahrung. Es ist ein anderer Weg, die Frage zu beantworten, wer Gott ist. Es ist eine andere Weise, sich in Bezug zu Gott zu setzen, Gott zu suchen.

Uns wird im zweiten Genesis-Kapitel mitgeteilt, dass Gott Mann und Frau aus Lehm erschaffen hat. Wir finden Gott nicht da draußen, irgendwo dort oben, sondern unten im Lehm, mit diesem spielend. Er hat Seine Finger, Seine Hände, Sich selbst in diesem Lehm, und Er formt ihn zu einem Menschen und haucht diesem Lehm Seinen eigenen Lebensatem ein. Er bläst Sich selbst in den Lehm. Dieser Mensch wird zu einem lebendigen Wesen, und aus diesem Menschen erschafft Gott die Frau. Nachdem Gott diesen Mann und diese Frau erschaffen hat, gibt Er ihnen nicht die Herrschaft über die ganze Schöpfung. Er schickt sie als Gefährten an die Arbeit. Er schickt sie, den Boden zu bestellen. Er macht sie zu Mitschöpfern. Sie sollen vollenden, was Gott begonnen hat, damit sie Mitgestalter an der Seite Gottes werden.

Diese zweite Erfahrung wird »jahwistisch« genannt. Jahwe ist ein Name für Gott, ein Eigenname. Jahwe spricht mit Adam und Eva. Er macht mit ihnen in der Kühle des Abends einen Spaziergang. Er wird mit Abraham essen. Dieser Gott ist vertraut. Und da Er Sich selbst dem Menschen eingehaucht hat, ist Er mit der Menschheit eins geworden. Dieser Gott ist eins geworden mit der Zerrissenheit. Was ist Lehm? Lehm steht für Schwäche, Unvollkommenheit und Sündhaftigkeit – für das, was keine Struktur hat, keine eigene Vollständigkeit. Gott wird eins mit der zerrissenen Menschheit, als Er eins wird mit dem Lehm.

Ich möchte genauer ausführen, was ich damit meine, wenn ich sage, dass Gott eins wurde mit der Zerrissenheit, eins mit dem Lehm. Wir sehen dies in der Geschichte von der Berufung Abrahams (1 Moses 12). Gott ruft Abraham und sagt ihm, dass er der Stammvater der Völker werden wird. Unser Vater im Glauben, Abraham, ist in der jahwistischen Tradition ein Lügner. Und dennoch ist er von Gott gesegnet und ein Kanal für den Segen Gottes. Als Abraham nach Ägypten geht, fragen ihn die Männer des Pharaos nach der schönen Frau, die mit ihm reist. Obwohl Sarah seine Frau ist, antwortet er: »Sie ist meine Schwester.« Warum sagte er, seine Ehefrau Sarah sei seine Schwester? Weil man ihn ansonsten umgebracht, Sarah zum Pharao verschleppt und sie zu einer seiner Konkubinen gemacht hätte. Unser Vater im Glauben erzählt eine Lüge, um sein Leben zu retten. Dennoch fährt Gott gemäß der jahwistischen Tradition fort, Abraham zu segnen, und Gott segnet den Pharao und dessen Haushalt durch diesen Lügner, weil der jahwistische Gott niemals vergisst, dass Abraham Lehm ist, dass Abraham schwach, unvollkommen und sündhaft ist.

Etwas Ähnliches wird uns in der Geschichte von Jakob und seinem Schwiegervater Laban erzählt (1 Moses 30): Jakob hütete Labans Schafe, und seine Herde begann, sich zu vervielfachen. Wo kamen die neuen Schafe her? Er hatte sie *ge-*

stohlen. Unser großer Vater Jakob war ein Dieb – und dennoch war Jakob ein Kanal für den Segen Gottes. Jakob war Gottes Auserwählter, weil Gott gemäß der jahwistischen Tradition niemals vergisst, dass auch Jakob aus Lehm erschaffen ist – Schwäche, Unvollkommenheit, Sündhaftigkeit.

In der Geschichte von Jakob und Esau (1 Moses 25.19–34) kommt Esau hungrig nach Hause, geht zu seinem Bruder Jakob und sagt: »Gib mir etwas zu essen, ich bin am Verhungern.« Jakob forderte als Gegenleistung für das Essen, was er Esau geben soll, dessen Erstgeburtsrecht. Der arme Esau sagt sich: Was habe ich schon von meinem Erstgeburtsrecht, wenn ich ohnehin sterbe? Und so entgegnet er Jakob: »Nimm mein Erstgeburtsrecht und gib mir Nahrung.« Gemäß der jahwistischen Tradition ist dieser Mann, der die missliche Lage seines Bruders ausnutzt, dennoch Gottes Prophet, bleibt weiterhin von Gott gesegnet, weil Gott niemals vergisst, dass Jakob, so wie Abraham und wir alle, aus Lehm geschaffen sind: schwach, unvollkommen und sündhaft.

Wie können Sie erkennen, ob Ihr Gott ein jahwistischer Gott ist? Wenn Ihr Gott Ihnen und der Menschheit vertraut ist, dann ist Ihr Gott der jahwistische Gott. Wenn Sie sich in Ihrer Zerrissenheit akzeptieren können und in Ihrer Schwäche, Unvollkommenheit und Sündhaftigkeit Gottes Liebe erfahren, dann ist Ihr Gott der jahwistische Gott. Wenn Sie andere in deren Zerrissenheit akzeptieren können, dann ist Ihr Gott der jahwistische Gott. Zum Beispiel gibt es in jeder Familie ein Mitglied, um das es einfach nicht gut bestellt ist. Derjenige mit einem jahwistischen Gott wird einen Weg finden, mit dieser Person verbunden zu bleiben. In jeder religiösen Gemeinschaft wird es jemanden geben, der von den anderen missachtet wird – der jahwistische Mensch wird sich dieses Ausgegrenzten annehmen. In manch einem Arbeitsumfeld gibt es einen Kollegen, über den getratscht wird – der jahwistische Mensch wird sich mit diesem Mitarbeiter anfreunden. Wenn Sie sich hingegen damit zufriedengeben, dass Gott Sie bedingungslos liebt und Sie der zerrissenen Menschheit nicht die Hand ausstrecken, ist Ihr Gott vielleicht nicht der jahwistische Gott. Doch wenn Ihr Bild von Gott das des Vaters vom verlorenen Sohn ist, der einfach nur sagt: »Endlich bist wieder da!«, dann ist es mehr als wahrscheinlich, dass Ihr Gott der jahwistische Gott ist.

14

Der Gott der Vollkommenheit – die elohistische Erfahrung

DIE DRITTE GOTTESERFAHRUNG, DIE SICH IN DEN ersten fünf Büchern der Bibel findet, ist elohistisch. *Elohim* bedeutet »der große Gott«, aber es ist kein Eigenname wie Jahwe. Diesen elohistischen Gott kann man nicht von Angesicht zu Angesicht sehen. Wenn man dies tut, wird man sterben. Dieser elohistische Gott spaziert und redet also nicht vertraulich mit den Menschen. Der elohistische Gott taucht in Träumen auf. Der elohistische Gott erscheint in einer Wolke. Der elohistische Gott bewegt sich als Feuersäule – doch diesen Gott kann man nicht von Angesicht zu Angesicht sehen und erleben. Gemäß der elohistischen Tradition wird Gott nicht eins mit der menschlichen Zerrissenheit, da Gott niemals etwas Geringeres sein kann als Gott, der reine große Gott.

Die Beziehung zwischen dem elohistischen Gott und den Menschen ist eine der Vollkommenheit. Sie müssen vollkommen sein, wie ihr himmlischer Vater vollkommen ist. Sie können nicht schwach und dennoch von Gott gesegnet sein. Sie können nicht sündhaft, unaufrichtig oder unheilig und trotzdem Gottes Prophet sein. Sie können keine Unvollkommenheiten haben und erwarten, Gottes Gaben und Segen zu erhalten. Was also tun Sie? Sie überwinden Ihre Schwäche durch Willenskraft und durch Gnade. Sie müssen vollkommen sein, weil Gott vollkommen ist, und rein sein, weil Gott rein ist, wenn Sie von Gott gesegnet werden wollen und Gott in Sie eintreten soll, sodass Sie Gottes Werkzeug, Gottes Prophet, Gottes Zeuge sein können.

Die elohistische Tradition erzählt einige Begebenheiten, von denen auch in der jahwistischen Tradition die Rede ist – doch mit ihrer eigenen Wendung. In der elohistischen Version der Geschichte von Abraham, der hinunter nach Ägypten geht (1 Moses 12), kommen ebenfalls die Männer des Pharaos und fragen ihn: »Wer ist diese Frau?«, und Abraham sagt von seiner Frau: »Sie ist meine Schwester.« Doch während die jahwistische Tradition an dieser Stelle aufhört, fährt die elohistische mit der Geschichte fort und erklärt, dass Abraham keine Lüge aufgetischt hat. Denn Abraham und Sarah *waren* Bruder und Schwester; sie hatten denselben Vater, doch verschiedene Mütter. Solche Verbindungen waren gemäß den kulturellen Bräuchen jener Zeit durchaus nicht unüblich. Warum besteht nun die elohistische Tradition darauf? Weil Abraham nicht absichtlich eine Lüge erzählen und durch Gott gesegnet oder ein Kanal für Seinen Segen sein kann.

Diese Tradition erzählt auch die Geschichte von Jakob und den Schafen (1 Moses 30), doch hier ist nicht die Rede davon, dass seine Herde sich deshalb vergrößerte, weil Jakob Schafe gestohlen hatte, sondern weil Gott die Schafe segnete und sie sich deshalb multiplizierten. Jakob kann kein Dieb sein, kann nicht schwach, unvollkommen und sündhaft und dennoch ein Kanal für den Segen Gottes oder Gottes Zeuge sein.

Die Elohisten werden die Geschichte von Jakob und Esau (1 Moses 25) zwar auch anführen, doch gemäß ihrer Tradition wird die Mutter zur Übeltäterin. Sie ist diejenige, die Jakob dazu überredet, seinem Bruder Esau das Erstgeburtsrecht zu stehlen. Jakob kann nicht schwach, unredlich und sündhaft und trotzdem Gottes Prophet sein.

Die elohistische Tradition sehen wir bis ins Neue Testament fortgesetzt. Im Markusevangelium wird uns gesagt, dass eines Tages, als Jesus die Straße entlangging, die Söhne des Zebedäus – die Jünger Jakobus und Johannes – zu ihm kamen und sagten: »Jesus, wenn du dein Königreich errichtest, gib uns, dass wir sitzen einer zu deiner Rechten und einer zu deiner Linken [Markus 10.37]. Wir werden für dein Königreich große Dinge tun.« Es handelte sich also um ehrgeizige Leute, und dennoch waren Sie Grundpfeiler der Kirche, sie waren die Apostel Jesu. Dies ist eine Version des Evangeliums, und man könnte es so sehen, dass diese Darstellung der jahwistischen Tradition entstammt. Im Matthäusevangelium wird uns dieselbe Geschichte erzählt, doch wiederum mit einer anderen Wendung. Es sind nicht die Jünger Jakobus und Johannes, die zu Jesus kommen, sondern ihre Mutter. Warum diese Veränderung? Weil die Apostel vollkommen und heilig sein mussten, und so wird die Mutter zur ehrgeizigen Person. Das ist die elohistische Tradition, in der man vollkommen sein muss, um Gottes Zeuge und ein Kanal für Gottes Segen zu sein und um Seinen Segen zu empfangen.

Wie können Sie wissen, ob Ihr Gott ein elohistischer Gott ist? Wenn Sie sich Sorgen machen wegen Schwächen, Unvollkommenheiten und der Sündhaftigkeit in Ihrem eigenen Leben und sich der Reinigung Ihrer Seele verschreiben, dann ist Ihr Gott der elohistische Gott. Wenn die Schwächen und Sünden anderer Sie bedrücken, dann ist Ihr Gott der elohistische Gott. Wenn Sie Gott als transzendent und für den menschlichen Verstand als nicht fassbar erachten – oder wenn Sie mittels der Macht Gottes den menschlichen Zustand zu transzendieren versuchen –, dann ist Ihr Gott der elohistische Gott. Wenn Sie andauernd Bilder begradigen, Sachen rechtwinklig ausrichten oder versuchen, Dinge in

Ordnung und Harmonie zu bringen, dann könnte Ihr Gott der elohistische Gott sein. Wenn Sie über ein Leben nach dem Tod nachdenken und erwarten, dass Diener Gottes zu Ihnen sagen werden: »Weißt du, diese Unvollkommenheiten in dir – du hast da nicht wirklich daran gearbeitet. Du musst ins Fegefeuer gehen, gereinigt werden und zurückkommen«, dann könnte es sein, dass Sie an den elohistischen Gott glauben.

15

Der Weg des Gesetzes – die deuteronomistische Erfahrung

DIE VIERTE GOTTESERFAHRUNG, DIE UNS IN DEN hebräischen Schriften gezeigt wird, ist die des Deuteronomiums. Deuteronomium ist die Tradition des Gesetzes. Es ist eine einfache Tradition: Wenn man das Gesetz achtet, wird man dafür belohnt werden. Wenn man das Gesetz bricht, wird man bestraft werden. Gott begründete das Gesetz, als Er das Universum erschuf. Das Gesetz ist einfach die Art, wie die Dinge sind. Die deuteronomistische Tradition ist diejenige, die vom Jüngsten Gericht spricht, vom Buch des Lebens und den Waagschalen. Wie wir unseren Platz in der Ewigkeit finden, wird durch die Waagschalen bestimmt; es hängt davon ab, was im Buch des Lebens geschrieben steht.

Diese vierte Gotteserfahrung wird am besten im Buch Deuteronomium ausgedrückt, das mit der Ermahnung der Menschen beginnt, den Göttlichen Anordnungen zu gehorchen, und sie davor warnt, sich vom Gott ihrer Väter abzuwenden (5 Moses 1–4.40). Als Begründung wird der enge Bund, den Gott mit dem Volk am Berg Sinai geschlossen hat (5 Moses 5–26), angeboten. Das Buch fährt dann fort, Segen über diejenigen auszusprechen, die dem Gesetz gehorchen, und Fluch über die Rebellierenden. Treue gegenüber dem Bund am Sinai soll den Menschen Segen bringen, und zwar nicht nur ihnen, sondern auch ihren Nachkommen (5 Moses 27–30).

Wann immer ich über die deuteronomistische Erfahrung nachdenke, fällt mir Marilyn Monroe ein. Als Marilyn Monroe in den Himmel hochkommt, öffnet Petrus das Buch des Lebens und sagt: »Ach du meine Güte, Marilyn, ich glaube nicht, dass ich dich in den Himmel hereinlassen kann. Du musst in die Hölle gehen. Du hast ein solch zügelloses Leben geführt, dass der Himmel nicht der richtige Platz für dich ist.« Marilyn Monroe sagt: »Petrus, alles, was du aufgeschrieben hast, entspricht der Wahrheit, aber mein Herz ist rein, mein Herz ist sauber.« Je länger Petrus darauf beharrt, sie müsse zur Hölle fahren, desto entschiedener beteuert Marilyn Monroe, sie sei gut gewesen und verdiene, in den Himmel zu kommen.

Also geht Petrus zu Jesus, und Jesus sagt: »Oh, lass sie den einfachen Test machen.« Petrus kommt zurück und sagt zu Marilyn Monroe: »Nun, Marilyn, dies ist ein Test, um zu sehen, ob das, was du sagst, wahr ist oder unwahr. Der Himmel ist dort gegenüber auf der anderen Seite, und da unten ist die Hölle. Du musst über dieses Seil gehen, um in den Himmel zu kommen; aber wenn du auch nur einen sexuellen Gedanken hast, fällst du direkt hinunter in die Hölle. Bist du bereit?« Marilyn Monroe sagt: »Selbstverständlich, Petrus, mein Herz ist sauber, mein Herz ist rein.« Also macht sich Marilyn Monroe auf, und Petrus geht hinter ihr her mit dem Buch des Lebens. Nach drei Vierteln der Strecke dreht sich Marilyn um – aber da ist kein Petrus mehr! Hält man das Gesetz ein, wird man belohnt. Bricht man das Gesetz, wird man bestraft.

Wie also können Sie wissen, ob Ihr Gott der Gott des Deuteronomiums ist? Wenn Sie darüber Buch führen, wie viele Sünden Sie begangen haben, wie viele Tugenden Sie besitzen, welche guten Taten Sie vollbracht und wie viele schlechte Dinge Sie getan haben, weil sich alles in diesem Universum ausgleicht, dann ist Ihr Gott der deuteronomistische Gott. Wenn Sie glauben, dass die Schöpfung so ist, wie sie ist, weil Gott die Grundlagen des Universums gelegt hat, und dass nichts und niemand und auch keine Entdeckung die Dinge ändert, dann haben Sie möglicherweise einen Gott des Deuteronomiums. Wenn Sie glauben, dass es ein Gesetzbuch zu befolgen gilt, eine Anleitung für das Leben, dann folgt Ihre Gotteserfahrung der deuteronomistischen Tradition. Wenn Sie in der Stunde Ihres Todes glauben, dass Sie vor der Himmelstür ein bestimmtes Urteil aufgrund des Buchs des Lebens erwartet, dann ist Ihr Gott der Gott des Deuteronomiums.

16

Einwegbilder von Gott

Wenn wir tiefer in den Fluss des Göttlichen Lebens eintauchen möchten, wenn wir einen unendlich großen Gott kennenlernen wollen, müssen auch wir die Vorstellungen, die wir von Gott hegen, transzendieren.

IN DER INDISCHEN TRADITION GIBT ES 330 MILLIONEN Götter. Niemand glaubt, dass einer dieser Götter Göttlich ist. Sie sind Ausdrücke menschlicher Erfahrungen des Göttlichen, Bilder, die auf tiefere Aspekte des Göttlichen verweisen. Spirituelles Wachstum geschieht dadurch, dass man diese Bilder andauernd erfährt und transzendiert, bis man bilderlos zum Göttlichen gelangt. Jenseits von Bildern, jenseits von Manifestationen, jenseits von Vermittlern erlebt man das Göttliche als Göttlich.

Auf ähnliche Weise sagen uns die christlichen Mystiker – und ich habe dies durch persönliche Erfahrung verstehen gelernt –, dass, wenn wir tiefer in den Fluss des Göttlichen Lebens eintauchen möchten, wenn wir einen unendlich großen Gott kennenlernen wollen, auch wir die Vorstellungen, die wir von Gott hegen, transzendieren müssen. Das Göttliche ist so groß, so erstaunlich, so unergründbar, dass jegliche Vorstellung, jegliche Metapher, die wir Gott überstülpen, bestenfalls nur zu einem kleinen Teil passt und unsere Fähigkeit, andere Aspekte zu erfahren, unmittelbar begrenzt.

Lassen Sie uns also einen Moment lang über unser Leben nachdenken und uns fragen: Wer ist Gott für mich? Wie habe ich Gott bisher erfahren? Ist mein Gott der priesterschriftliche Gott, Dem ich versuche, durch die Rituale und Traditionen meines Glaubens, durch die Messe, durch mein Gebet und meine Opfer, durch Kirche oder Tempel zu gefallen? Ist mein Gott der jahwistische Gott, bei Dem ich mich zerbrochen, schwach, unvollkommen, sündhaft und dennoch geliebt fühle? Ist mein Gott der elohistische Gott, für Den ich mich versuche zu vervollkommnen, so wie mein himmlischer Vater vollkommen ist? Oder ist mein Gott der Gott des Deuteronomiums, für Den ich auf die Einhaltung Seiner Gesetze achte, gute Werke tue und meine Bilanz im himmlischen Buch im Auge behalte?

Es ist wichtig zu wissen, dass jede dieser Traditionen eine *gute* Tradition ist. Jede von ihnen hat Heilige hervorgebracht. Manchmal brauchen wir Priester oder den Tempel als Fürsprecher, die uns helfen, uns mit dem Göttlichen zu verbinden, oder uns in Richtung Gnade leiten können. Manchmal müssen wir Gott in unserer Zerrissenheit und in unserer Schwäche erfahren – und zu anderen Zeiten müssen wir Gott als derart heilig, hoch und rein erleben, dass Er uns, wenn wir uns nur unserer Sündhaftigkeit entledigen könnten, über die Bedingungen des Menschseins emporheben würde. Und wiederum gibt es Zeiten, in denen wir zu akzeptieren haben, dass das, was wir anderen antun, wir in letzter Konsequenz uns selbst antun, dass wir ernten, was wir säen, weil dies Gottes in sich verbundenes Universum ist und Er nicht parteiisch ist.

Auf welchem Weg Sie sich auch immer mit Gott verbinden, er ist gut, er ist richtig. Wenn Sie einmal Ihren Weg erkannt haben, auf dem Sie sich mit Gott in Verbindung setzen können, suchen Sie nach Mitteln, diese Beziehung zu vertiefen und das Beste aus jeder der vier Traditionen darin einzubinden. Indem Sie so verfahren, werden Sie anfangen, die Traditionen zu transzendieren und sich tiefer in den Fluss der Göttlichen Vertrautheit zu begeben. Eine Möglichkeit, damit zu beginnen, ist zu fragen: Wer war der Gott, Der mir als Kind nahegebracht wurde? Wie und wann änderte sich mein Gott? Wer ist Gott für mich jetzt, und was ist ein tieferer Ausdruck meiner Beziehung mit dem Göttlichen?

17

Ihre Vorstellungen von Gott transzendieren

Es brauchte lange, bis ich bereit war,
mich für einen größeren Gott zu öffnen – für den Gott,
Der die Feier ist, für den Gott, Der das Leben ist,
für den Gott, Der die Liebe ist.

ALS ICH EIN KIND WAR, WURDE MIR EIN GOTT VORgestellt, der ein Monster war. Es dauerte viele, viele Jahre, bis ich dieses Monster loswurde, bis ich dieses Bild von Gott zerstören konnte und es so transzendiert hatte, dass ich eine Einsicht erhielt – einen kleinen Blick erhaschen konnte – in den lebendigen Gott, den wahren Gott, den Gott von Jesus Christus. Das Erlebnis in meiner Kindheit lässt sich zusammenfassen mit folgender Geschichte, die mir damals erzählt wurde.

Ein kleiner Junge hatte eine Mutter, die ihn überaus liebte. Eines Tages wurde dieser kleine Junge zornig auf seine Mutter und trat nach ihr. So liebevoll und gut, wie sie war, vergab die Mutter dem Jungen. Der kleine Junge wuchs zu einem jungen Mann heran, der das College besuchte und heiratete. Er hatte eine Familie, wurde ein alter Mann, und dann starb er. Alle waren bei seiner Beerdigung anwesend. Als der Priester seine Gebete beendet hatte, ging er zum Sarg des Mannes, um diesen zu schließen – doch plötzlich schoss ein Bein der Leiche in die Höhe. Die Leute mussten das Bein absägen, damit sie den Sarg schließen und den alten Mann beerdigen konnten, der als Kind nach seiner Mutter getreten hatte.

Vielleicht wollten diejenigen, die mir diese Geschichte erzählt hatten, erreichen, dass ich die Älteren respektiere; letztendlich sagten sie ja: Trete nicht nach deiner Mutter. Aber was hatte *ich* als kleines Kind gehört? Ich hatte gehört, dass »der Mann dort oben« niemals vergisst. Ich war ein normales Kind; ich hatte meine Unvollkommenheiten und Schwächen, aber ich war auch gut. Doch, wie die Heilige Schrift sagt, der rechtschaffene Mensch strauchelt sieben Mal am Tag. Da war ich also, mit meiner Sündhaftigkeit, meiner Unvollkommenheit und meinen Schwächen, und glaubte, dass ich bei Gott keine Chance hätte. Ich würde bestraft werden. Als ich älter wurde und mir meine eigene Beerdigung vorstellte, konnte ich nur Leute sehen, die alle möglichen Teile von mir abschnitten, damit sie den Sarg schließen und mich in die Erde legen konnten. Also versuchte ich, Gutes zu tun, um die schlechten Taten meines Lebens aufzuwiegen. Der Gott, Der mir als Kind nahegebracht worden war, war der Gott des Deuteronomiums, der Gott des Gesetzes.

In Tat und Wahrheit hatte ich Angst vor dem Gott, Den ich verehrte. Dieser Gott versetzte mich in Schrecken, da ich wusste, dass ich bei Ihm keine Chance haben würde. Es war ein Gott, Der nur darauf wartete, dass ich hinauf in den Himmel kam, damit Er mich in die Hölle schicken konnte. Dies war die Art und Weise meiner Beziehung zu Gott. Das war mein Verständnis von Gott – als einem Monster – und ich fürchtete mich davor, mit irgendjemanden über meine Gefühle zu sprechen.

Die Kirche meiner Kindheit glaubte ebenfalls, dass wir bei Gott keine Chance hätten, und so gab sie uns das Skapulier unserer Lieben Frau und versicherte uns, dass, wenn wir stürben, während wir es trügen, Maria uns in den Himmel schmuggeln würde. Dieses Skapulier ist einer der Gründe, weshalb ich niemals schwimmen lernte. Wenn ich bei meinen Schwimmversuchen ins Meer stieg, hielt ich mit meinen Händen das Skapulier um meinen Hals – eine todsichere Art zu ertrinken. Ich dachte: Für den Fall, dass ich untergehe, will ich sicherstellen, dass sich das Skapulier um meinen Hals befindet, sodass ich direkt in den Himmel komme. Ich trug das Skapulier morgens, mittags und des nachts, bis ich siebzehn Jahre alt war und ins jesuitische Novizenhaus eintrat, wo ich entdeckte, dass sie keine Skapuliere trugen. Sie hatten kein Skapulier, das sie mir geben konnten, als meins verschlissen war! Eines Tages zog ich das Skapulier ängstlich und zitternd aus und – in einem Augenblick ebenso großen Vertrauens wie großer Beklemmung – verbrannte es. In jener Nacht blieb ich wach, um sicherzugehen, dass ich nicht sterben würde, weil ich wusste, wenn dies passierte, würde die Hölle mich verschlingen.

Die Angst, die mir das Skapulier vermittelt hatte, schüttelte ich ab; aber die Kirche gibt niemals auf. Man hatte mir auch eingetrichtert, dass die Liebe Frau, wenn ich jeden Abend drei Ave Maria für sie beten würde, mich in den Himmel hochbrächte. Sie würde mir helfen, das Jüngste

Gericht zu bestehen. Meine Beziehung zu Gott war voller Schuld und Angst, und als ich älter wurde, war Religion weder gesund noch gut für mich. Wenn jemand aus meiner Familie krank wurde oder irgendetwas schiefging, wusste ich, es war, weil ich etwas falsch gemacht hatte; ich hatte gesündigt und der priesterschriftliche Gott bestrafte mich, um mir meine Sündhaftigkeit vor Augen zu führen. Der Gott, an Den ich glaubte, war ein strafender Gott.

Meine Gotteserfahrung begann sich zu verändern, als ich in der achten Klasse war und meine Familie aus unserem katholischen Ghetto in eine indische Nachbarschaft umzog. Zum ersten Mal wurde ich in die hinduistische Welt geworfen. Der Hinduismus ist voller Leben und Freude. Die Feste sind erfüllt von Lärm, Gesängen, Musik, Farbe und Tanz. Ein Bollywood-Film ist nicht sehr weit von der Wirklichkeit entfernt. In meiner neuen Umgebung beobachtete ich also meine Hindu-Nachbarn und sah eine andere Art, Gott zu erleben, einen anderen Weg, meiner Beziehung zu Gott Ausdruck zu verleihen. Diese Art der Beziehung zu Gott entstammte nicht der deuteronomistischen Tradition, der Überlieferung, die ich so gut kannte. Doch mir wurde gesagt, dass, wenn ich diesen Hindus beipflichtete, wenn ich an ihren religiösen Gebräuchen teilnähme, ich eine Todsünde begehen und in der Hölle landen würde. Da war es wieder: dieses Bild eines strafenden Gottes.

Mein Glück war es, dass mir die Gabe meine Mutter für universelle Aufgeschlossenheit und Gastfreundschaft dabei half, mir zu zeigen, wie ich über dieses Bild hinauskommen konnte. Vor einigen ihrer Festivitäten und großen Feiern zu Ehren ihrer Götter vollziehen die Hindus so etwas wie eine Novene: Neun Tage lang tanzen und singen sie Gebete für Gott. Ich weiß nicht, woher meine katholische Mutter den Mut nahm, doch sie und meine Schwestern freundeten sich mit einer Gruppe von Frauen an, die vor diesen Festen sangen und tanzten.

Zur Einstellung meiner Mutter gehörte der Glaube an die grenzenlosen Möglichkeiten des Lebens, und dies erlaubte ihr eine Offenheit für die vielfältigen Wege, das Göttliche zu preisen, so wie es die zahlreichen hinduistischen Feiern des Göttlichen tun. Dies half unserer Familie wie auch unseren Hindu-Nachbarn, sich gegenseitig willkommen zu fühlen. Mein Vater andererseits verfügte über die Begabung, alles zu hinterfragen, obschon auch er ein traditioneller Katholik war. Die Antworten waren unwichtig, solange er weiter nach den tieferen und relevanteren Wirklichkeiten des Lebens suchte, insbesondere in seiner immer weiter wachsenden Beziehung zum Göttlichen. Die Gabe meiner Mutter, nach unbegrenzten Möglichkeiten zu streben, und die Fähigkeit meines Vaters, alles zu hinterfragen, halfen mir enorm in meinem eigenen Leben und auf meiner Reise in eine tiefer und tiefer gehende Beziehung mit dem Göttlichen. Diese beiden Gaben sind mächtige Werkzeuge, die jedem Menschen dienen, der danach trachtet, seine eigenen Vorstellungen von Gott zu transzendieren.

Es brauchte lange, bis mir bewusst wurde, dass mein Bild von Gott ein Monster und dass dieses Monster ein kleiner und kleinlicher Gott war. Noch länger brauchte es, bis ich bereit war, dieses Monster aufzugeben und mich für einen größeren Gott zu öffnen – für den Gott, Der die Feier ist, für den Gott, Der das Leben ist, für den Gott, Der die Liebe ist. Als ich in die vier Traditionen Gottes eingeführt wurde, dachte ich zunächst, dass ich vielleicht gerne einen jahwistischen Gott hätte. Ich begann, mich zu verändern, langsam.

18
Können Sie einen Gott jenseits von Namen haben?

Gott ist jenseits von Namen. Gott ist enorm, Gott ist eindrucksvoll, Gott ist persönlich. Gott ist mir sehr nahe, aber Er ist ebenso das große Etwas da draußen, der transzendente Gott, der allmächtige Gott, der mysteriöse Gott.

WÄHREND MEINER LEHRERAUSBILDUNG IN BOMBAY traf ich eine junge Frau, die der erste Mensch war, der mich herausforderte und dazu inspirierte, darüber nachzudenken, wie groß mein Gott sein könnte. Damals war ich einer der sehr wenigen Christen an diesem College. Die Mehrheit der Studenten und des Lehrkörpers waren Hindus oder Muslime. Vom ersten Tag an wussten alle, dass ich ein jesuitischer Priester war, und stellten mir Fragen wie: »Warum bist du Priester geworden? Warum heiratest du nicht? Wer ist Gott? Wie betest du? Was bedeutet Christentum?« Also dachte ich: Das ist meine Aufgabe – all diese Heiden aufzuklären. Ich nutzte jede Gelegenheit, ihnen von der Schönheit des Christentums und von dessen Quelle zu erzählen.

Eines Tages beschrieb ich den Studenten Gott als Vater, als Abba, als ähnlich wie mein Papa, und alle waren von diesem wunderbaren Konzept angetan, außer einer jungen Frau. Sie war eine Hindu-Brahmanin. Als die Unterrichtsstunde vorüber war, nahm sie mich zur Seite und sagte: »Du bist ein Priester und wirst Menschen über Gott lehren. Aber du weißt nichts über Gott. Dein Verständnis von Gott ist kindisch – nicht kindlich, sondern *kindisch.*« Sie erklärte mir: »Im Hinduismus bezeichnen wir Gott auch als *Vater,* wir nennen Ihn auch *Papa,* wir geben Gott an die 330 Millionen verschiedene Namen. Papa, Abba, ist einer davon. Aber das ist etwas für Menschen, die nicht verstehen können, wer Gott ist. Das ist für kleine Kinder und ungebildete Leute und diejenigen, die Gott nicht suchen oder würdigen können, wer Er ist. Aber wenn du ein Priester bist und über Gott lehren willst, musst du in deiner Beziehung zu Gott erwachsen werden. Gott ist jenseits von Namen. Gott ist enorm, Gott ist eindrucksvoll, Gott ist persönlich. Gott ist mir sehr nahe, aber Er ist ebenso das große Etwas da draußen, der transzendente Gott, der allmächtige Gott, der mysteriöse Gott.« Diese junge Hindu-Frau brachte mich auf den Weg der Mystik. Diese jugendliche Hindu lud mich ein und forderte mich heraus, über meine religiöse Erziehung und mein Verständnis von Gott als Vater hinauszugehen, und öffnete mir die Tür zu einem bedeutend größeren Gott. In seinen Schriften ermahnt uns Paulus ständig, aufzuhören, wie Kinder zu denken, und in unserer Beziehung zu Gott erwachsen zu werden (siehe 1 Korinther 14.20).

Thomas von Aquin lehrt, dass Gott durch das erkannt wird, was Er nicht ist. Die Hindus drücken dieselbe Wahrheit durch den Sanskritbegriff *neti neti* aus – »nicht dies, nicht das«. Gott ist Vater, und Gott ist nicht Vater. Gott ist Mutter, und Gott ist nicht Mutter. Gott ist Göttlich. Gott ist der Eine, Der Sich Moses im dritten Kapitel des Buches Exodus zeigt, als Moses fragt: »Was ist Dein Name?«, und Gott antwortet: *»Ich bin. Ich bin«* [Moses 3.14].

Gott *ist.*

Es gibt keinen Namen für Gott. Sobald Sie Gott mit einem Namen anrufen, beschränken Sie Gott, engen Sie Gott ein. Sie müssen über diesen Namen hinausgehen. Selbstverständlich ist Gott Vater. Wie die meisten Menschen habe auch ich das Bedürfnis, in gewohnten Begriffen über Gott zu sprechen. Doch sobald ich »Vater« sage, weiß ich, dass ich Gott einenge. Also versuche ich, über diese Gotteserfahrung hinauszugehen. Jene junge Hindu-Frau half mir, die vier traditionellen Wege, sich mit Gott in Beziehung zu setzen, zu überwinden, über Gott als Vater hinauszugehen und Gott auf einer mystischen Ebene zu begegnen – wo Er Göttlich ist, der Got, Der *ist.*

Andere religiöse Überzeugungen teilen diese Auffassung. Vor vielen Jahren ging ich in eine buddhistische Klausur. Mit ihren zehn Tagen absoluten Schweigens, einer Mahlzeit pro Tag und vierzehn Stunden täglichen Betens und Meditierens bieten die Buddhisten eine Erfahrung des Göttlichen, die allumfassend ist. Das Göttliche ist überall; du bist im Göttlichen, und das Göttliche ist in dir. Das Göttliche ist in allem, und alles ist im Göttlichen. Durch meine buddhistische Erfahrung wurde dieser enorme, transzendente Gott immanent, wurde persönlich, wurde alles für mich. Nach dieser Klausur war ich bereit, dem Göttlichen im täglichen Leben auf tiefere Art und persönlichere Weise zu begegnen. Die Klausur half mir, meinen katholischen Glauben und meinen gewählten Weg der ignatianischen Spiritualität besser zu verstehen, und sie schürte in mir den Wunsch, Gott zu erleben, wie es der heilige Ignatius getan hatte in einer mystischen Erfahrung des Einsseins mit der Dreifaltigkeit, die ihn schließlich in das Wesen und die Essenz des Göttlichen hineinführte.

Indem wir uns nach einem Gott sehnen, Der so groß ist, dass alle Namen verschwinden, und so transzendent, dass Gott persönlich und alles und jedes wird, können wir die Freiheit und die Bereitschaft erlangen, uns tiefer in unsere Beziehung mit dem Göttlichen einzulassen. Wie der heilige Ignatius, werden wir in den Fluss hineingezogen, hin zum Wesen und zur Essenz Gottes.

19

Gott als eine Projektion unseres Vaterbildes

EINES TAGES LEITETE ICH EINE KLAUSUR FÜR EINEN Jesuiten an, der mir erzählte, in seiner Familie sei es nicht üblich, lange Gebete zu sprechen. »Lange Gebete bringen Unheil«, sagte er. Für mich war dies schwer zu verstehen, bis er begann, über seinen Vater zu sprechen. Der Vater dieses Jesuiten hatte in der indischen Armee gedient. Er verbrachte jeweils neun Monate des Jahres an der Front, um das Land vor dem Feind zu schützen. Wenn er dann in seinem Jahresurlaub nach Hause kam, brachte er auch das Militär mit sich. Er herrschte im Haus, als wäre es die Armee. Außerdem trank er, um die Anspannung der neun Monate zu lindern; manchmal war er betrunken und wurde dann ausfallend. Die ganze Familie wartete nur darauf, dass der Vater wieder zurückging, um auf das Land aufzupassen, und man zuhause wieder seinen Frieden hatte.

Wenn jetzt also dieser Jesuit zu beten begann, begegnete er einem Gott, Der ein militärischer Befehlshaber war. Ein militärischer Gott sagt einem, was man alles falsch macht, und kann ausfallend werden, wenn man sich zu lange in Seiner Gegenwart aufhält. Es kann also eigentlich nicht verwundern, dass dieser Jesuit nur kurze Zeit im Gebet und im Gespräch mit Gott verbrachte. Er hatte dieses Verhalten in seiner Familie gelernt; ihre Hingabe zu diesem Gott war kurz und süß, und dann dachten sie: Nun lassen wir Gott gehen, damit Er Sich um den Rest der Welt kümmern kann und unser Leben friedlicher und freier sein möge. Dieser Jesuit gab zu, dass er ein Problem mit Autorität hatte. Er konnte die freundlichste und sanfteste Autoritätsperson in einen militärischen Befehlshaber verwandeln. Andererseits hatte er dank der Beziehung zu seiner Mutter eine tiefe Hingabe an Maria entwickelt und eine wunderbare Art, Frauen zu begegnen.

Der Psychologe Sigmund Freud war der Ansicht, Gott sei eine Projektion unserer Vatervorstellung. Die Art, auf die wir unsere Väter in unseren ersten sechs Lebensjahren erleben, beeinflusst gemäß ihm die Weise unserer Beziehung zu Gott. Heutzutage ist es allgemein anerkannt, dass zunächst einmal die familiäre Umgebung die Grundwerte der Kinder bildet und sie lehrt, was es bedeutet, Eltern zu sein. Und obwohl manche Gott gerne *Mutter* nennen würden, ist Gott im christlichen kollektiven Unbewussten Vater. Also wird unser Vater zur Vorstellung unseres himmlischen Vaters.

Hier ist die Geschichte zweier mir bekannter Schwestern, die, als sie aufwuchsen, ganz unterschiedliche Erfahrungen mit ihrem Vater machten und deren Beziehung zu Gott davon beeinflusst wurde.

Diese Schwestern wuchsen in einem gutkatholischen Zuhause auf, und als sie erwachsen wurden, gingen beide einen religiösen Lebensweg – eine der Schwestern trat in ein Karmeliterinnenkloster ein, die andere engagierte sich in apostolischer Gemeindearbeit. Die Klosterschwester, die eine Freundin von mir ist, rief mich eines Tages an und bat mich, ihr beim Beten zu helfen. Meine erste Reaktion war, sie zu fragen, ob sie nicht darüber nachdenken wolle, das Kloster zu verlassen, da ich annahm, dass die Kraft der Klosterschwestern im Gebet lag, und sie mir nun eigentlich mitteilte, dass sie nicht beten konnte. Ich sagte dies natürlich unbeschwert daher. Im Gegensatz zu ihr hatte ihre Schwester in der apostolischen Gemeinschaft keinerlei Problem mit dem Beten. Ich hatte sie einmal in ihrer jährlichen Klausur spirituell angeleitet; wie eine Mona Lisa konnte sie stundenlang im Gebet sitzen.

Einige Zeit später erzählte mir meine klösterliche Freundin Begebenheiten aus ihrer Kindheit. Sie beschrieb mir, wie am Ende des Schuljahres jeweils der Postmann kam und die Zeugnisse aushändigte und alle Kinder im Haus sich beeilten, ihre Zeugnisse zu öffnen – außer jener einen Schwester, die in ihrem späteren Leben beten konnte. Diese legte ihren Umschlag auf den Altar und wartete, bis ihr Vater abends nach Hause kam. Nachdem sich der Vater die Noten der anderen Kinder angeschaut hatte, die siebzig, achtzig oder neunzig von hundert Punkten erreicht hatten, nahm er das noch ungeöffnete Zeugnis, das auf dem Altar lag, sprach ein kurzes Gebet, öffnete den Umschlag... und umarmte und küsste die Schwester. Sie hatte lediglich vierzig Punkte erreicht, gerade genug, um in die nächste Klasse versetzt zu werden.

In ihrer Beziehung zu Gott erlebte die Schwester mit den vierzig Punkten die Umarmungen und Küsse von »Gott, ihrem Vater«, während die andere Schwester, die ins Kloster ging – und neunzig Punkte erzielt hatte –, Gott sagen hörte: »Gut! Ausgezeichnet! Weiter so!«, doch keine Wärme und Zuneigung von »Gott, ihrem Vater« erlebte. Sie glaubte auch, dass wenn sie die neunzig Punkte nicht erreichte, sie noch nicht einmal: »Gut! Ausgezeichnet! Weiter so!« zu hören bekäme. In der apostolischen Gemeinschaft der ersten Schwester sind alle sehr zufrieden mit ihr – sie wurde mit allen möglichen Verantwortlichkeiten für ganz Indien betraut und wird oft beauftragt, ihre Gemeinschaft an internationalen Treffen zu repräsentieren. Wenn man das Kloster besucht, in dem die zweite Schwester lebt, erfährt man, dass sie eine äußerst begnadete und talentierte Schwester ist, doch sie wurde nie zur Priorin des Klosters ernannt.

Freuds Konzept der Vater-Gott-Projektionen gibt uns eine hilfreiche Einsicht, falls wir unsere Beziehung zu Gott tief erforschen wollen. Wenn unser Vater in unserer Kindheit abwesend war, hart arbeitete, um der Familie ein gutes Leben zu ermöglichen, oder die Familie verließ oder starb, dann ist unsere Vorstellung von Gott wahrscheinlich die eines abwesenden oder weit entfernten Gottes. Mein eigener Vater liebte es, uns Kindern Erlebnisse zu bescheren, die für uns ganz ungewohnt und unerwartet waren. Deshalb war mein Gott ein Gott der Überraschungen. Diese Vorstellung von Gott war in ständigem Kampf mit dem Bild, das die Kirche meiner Kindheit mir einimpfte. Heute, als Erwachsener, verstehe ich meinen Vater vielleicht besser oder anders, aber die Art, auf die ich ihn in den ersten sechs Jahren meines Lebens erfahren habe, hatte einen Einfluss auf meine Beziehung zu Gott und wird ihn auch weiterhin haben. Mit diesem Verständnis kann ich meine Beziehung zu Gott klären, kann mich von begrenzenden Bildern und Projektionen befreien und Platz schaffen für einen unbegrenzten Gott mit unendlichen Möglichkeiten.

20

Gebet – ein Weg zu Freiheit und Liebe

Gott bringt alles, was Er hat, und gießt es in die Beziehung hinein, und Sie bringen alles, was Sie haben, und gießen es in die Beziehung, bis Sie sich vermischen und eins werden mit dem Göttlichen.

DIE LETZTE KONTEMPLATION, DIE DER HEILIGE IGNATIUS in seinen *Geistlichen Übungen* anbietet, heißt »Betrachtung, um Liebe zu erlangen«. Dies ist eine gewaltige Übung, die seit Jahrhunderten Menschen aller Generationen, auf allen Kontinenten und in allen Kulturen geholfen hat. In dieser Übung wird dem Exerzitanten ein vierstufiges Gebet gegeben, um die eigene Beziehung zu Gott zu vertiefen und für die direkte Erfahrung mit der Göttlichen Kommunion und persönlichen Freiheit.

Der erste Schritt dieser Übung besteht darin, sich der Geschenke des eigenen Lebens zu erinnern: Geburt, Taufe, Familie, Kinder, Erlösung, Gnade, Eigenschaften und Talente – alles und jedes, für das Sie dankbar sein sollten. In Dankbarkeit für diese Gaben – und die schließen das Göttliche selbst mit ein –, die Gott Ihnen gegeben hat, bieten Sie alles wieder Gott an, einschließlich Ihrer selbst.

In der zweiten Stufe denken Sie darüber nach, dass das Göttliche in Seiner Essenz, Macht und Gegenwart in jedem Geschöpf enthalten ist und insbesondere in *Ihnen,* dem Tempel des Heiligen Geistes, geschaffen als Gleichnis und Ebenbild Gottes. Sie sind der Tempel für den Geist Gottes. Die Heilige Schrift sagt dies klar und deutlich: Gott wohnt in Ihnen. Sie sind Gottes Ebenbild und Göttliches Gleichnis. Dies sind die Worte des heiligen Ignatius: »Sieh Gott so in dir gegenwärtig, wie Er es in einem Tempel ist. Betrachte dich selbst als Gottes Ebenbild und Göttliches Gleichnis.«

In der dritten Stufe dieser Übung lässt der heilige Ignatius Sie nochmals alle diese Gaben anschauen und sehen, wie Gott darin wirkt. Sehen Sie, wie Gott – einer Frau gleich, die in den Wehen liegt – in jedem Seiner Geschenke an Sie wirkt und ganz besonders in Ihnen. Was tut eine Frau, die in den Wehen liegt? Sie arbeitet daran, etwas ins Leben zu bringen, etwas zur Verwirklichung zu verhelfen, in Fülle etwas zur Welt zu bringen, Leben zu übermitteln. Woran arbeitet also Gott? Er versucht, uns zu vervollkommnen, den Tempel, in dem Er wohnt. Er versucht, Sein eigenes Ebenbild zu vervollkommnen, Sein eignes Gleichnis. Er versucht, uns die Fülle des Lebens zu übermitteln, und macht uns gut und schön. Gott versucht, uns zu helfen, uns selbst so zu sehen, wie Er uns bereits sieht.

Die vierte Stufe der Übung wird Sie zerschmettern. Mit dem westlichen Verstand ist es fast unmöglich, dies zu akzeptieren oder es gar zu glauben. Der heilige Ignatius sagt, dass *das Geschenk Göttlich wird.* Sie und Gott werden eins, wie die Strahlen der Sonne und die Sonne. Man kann zwar die Strahlen von der Sonne unterscheiden, doch gibt es die Strahlen nicht ohne die Sonne. Und es gibt keine Sonne ohne Strahlen. Beide haben eine Identität. Und für den Fall, dass man diese Symbolik nicht versteht, fährt Ignatius fort und sagt, es sei wie mit dem Wasser des Brunnens und dem Brunnen. Es gibt keinen Brunnen ohne Wasser, und das Wasser hat seine Identität nur dadurch, dass es Teil des Brunnens ist.

So werden Sie und das Göttliche am Ende dieser ignatianischen Übung eins. Nicht nur werden Sie und Gott eins, sondern Sie sehen auch alles als eine Manifestation des Göttlichen. Sie betrachten einen Baum und erkennen und erfahren Gott. Er ist eine Manifestation Gottes. Es ist die Gegenwart des Göttlichen, die den Baum zu einem Baum macht. Es ist ein Wunder.

Aus der Energie eines winzigen Samens erhält man solch einen riesigen Baum. Wenn dies kein Wunder ist, was dann? Sie und ich sind Wunder, laufende Wunder. Jedes menschliche Geschöpf ist ein Wunder. Deshalb sagt der Lyriker Gerard Manley Hopkins: »Die Welt ist aufgeladen mit der Erhabenheit Gottes.« Alles ist mit Gott aufgeladen. Alles erfordert Ehrerbietung.

Das ist die höchste Erfahrung der ignatianischen Exerzitien – wenn Sie Ihre Identität im Göttlichen erleben. Das ist die Einladung der »Betrachtung, um Liebe zu erlangen«. Es geht um den Austausch zwischen Ihnen und dem Göttlichen. Gott bringt alles, was Er hat, und gießt es in die Beziehung hinein, und Sie bringen alles, was Sie haben, und gießen es in die Beziehung, bis Sie sich vermischen und eins werden mit dem Göttlichen. Ihre Erfahrung des Göttlichen in allem vertieft sich, und Sie bleiben in der Kontemplation, einem betenden Seinszustand, sogar mitten im Leben Ihres Lebens.

21

Mit Gott in den Flitterwochen

Das Einzige, was zählt, ist das, was Gott mir sagt, und was Gott für mich fühlt: »Ich freue Mich an dir, Ich habe Gefallen an dir, Ich finde Vergnügen an dir.«

FÜR MICH BESTEHT DER SINN UND ZWECK VON FLITTERwochen darin, eine überwältigende Liebeserklärung in sich aufzunehmen. Wenn ein Paar heiratet, treten Mann und Frau an den Altar und der Mann sagt zu seiner zukünftigen Frau: »Ich werde dich lieben in guten wie in schlechten Zeiten, in Gesundheit und Krankheit. Ich werde dich ganz und bedingungslos lieben.« Die Frau denkt: Oh mein Gott, das ist großartig; lass uns irgendwo hingehen, damit wir das ganz und gar in uns aufnehmen können. Und antworten tut sie dem Mann auf dieselbe Weise: »Ich werde dich ganz lieben, so wie Gott dich liebt, ohne jedwede Bedingung.« Und der Mann denkt: Das ist fantastisch; ich möchte das feiern und genießen; nehmen wir uns Zeit dafür, damit dies alles unser ganzes Wesen durchtränken kann. Der Mann und die Frau reisen in die Flitterwochen, um sich dieser Liebe hinzugeben, die sie füreinander empfinden, um das Wunder und die Schönheit ihres Ehegatten in sich aufzunehmen. Wenn Leute aus ihren Flitterwochen zurückkehren und darüber sprechen, was sie gegessen und gekauft haben, habe ich deshalb das Gefühl, dass sie keine echten Flitterwochen hatten.

Als Jesus nach seinem Tauferlebnis in die Wüste ging, durchlebte er etwas sehr Ähnliches: Er war mit Gott in den Flitterwochen. Wie die Evangelien berichten, war die Taufe für Jesus eine überwältigende Gotteserfahrung. Die Himmel taten sich auf, der Geist kam herab und die Stimme Gottes wurde vernommen: »Mein Geliebter, Ich freue Mich an dir, Ich habe Gefallen an dir, Ich finde Vergnügen an dir.« Ich sehe dieses Tauferlebnis als den Anfang einer neuen Beziehung zu Gott: Jesus entdeckte Gott auf eine erstaunlich neue Art und Weise. Es war solch ein wundervolles Erlebnis, dass Jesus Zeit brauchte, um es aufzunehmen und zu einem Teil von sich zu machen, und dass er deshalb für vierzig Tage und vierzig Nächte in die Wüste ging.

Die vierzigtägige Fastenzeit der katholischen Kirche ist eine Erinnerung an die vierzig Tage, die Jesus in der Wüste verbrachte. Während der Fastenzeit, mit Jesus, habe ich vierzig Tage, um meine Beziehung zu Gott zu vertiefen und weiter in den Göttlichen Fluss einzutauchen. Ich erhalte eine Gelegenheit zu Flitterwochen mit Gott.

Doch ganz ohne schwierige Momente sind diese Flitterwochen nicht. Obwohl wir das Göttliche auf eine neue und tiefe Weise erfahren, sehen wir uns auf unserer Reise zum Fluss weiterhin Hindernissen gegenübergestellt. Als Jesus in seine Flitterwochen mit Gott in die Wüste ging, war er begeistert und hoch erfreut über seine Beziehung zu seinem Vater. Doch wurde er auch mit drei Versuchungen konfrontiert, und die Versuchungen, die er durchmachte, sind dieselben Stolpersteine, auf die jeder von uns auf seiner Reise zum Göttlichen trifft.

Die erste Versuchung, der wir ausgesetzt sind, beinhaltet die materiellen Dinge, die wir uns wünschen. Als Jesus in die Wüste ging, kam Satan und sagte: »Verwandle diesen Stein in Brot und iss davon.« Nun, was ist Brot? Brot repräsentiert die materiellen Dinge der Welt und die Annehmlichkeiten des Lebens. Sind sie gut? Sie sind sehr gut. Doch Jesus sagte: »Ich habe solch eine wunderbare Erfahrung mit Gott gemacht, dass diese Vergnügungen und materiellen Dinge keine Rolle spielen. Sie sind gut, sie sind wunderbar, doch sie sind nichts im Vergleich zu dieser überwältigenden Erfahrung, dieser Vereinigung und Kommunion mit dem Vater, die ich erlebt habe. Diese materiellen Dinge können nicht Quelle meines Glücks und Sinn meines Lebens sein.« Das Verlangen nach materiellen Gütern konnte die Flitterwochen von Jesus mit Gott nicht trüben.

Jesus entgegnete Satan, dass der Mensch nicht von Brot allein lebt. Aber diese materiellen Dinge, die wir haben und begehren, können für uns eine übermäßige Bedeutung erlangen. Wenn wir aufgezehrt werden vom Begehren nach diesen Dingen, wenn wir sie zur Quelle unseres Glücks und zum Ziel unseres Lebens machen, werden wir von einer umfassenden und tiefgehenden Beziehung zu Gott weggezogen. Wir akzeptieren das Brot, obwohl die Nahrung, die wir brauchen, nur von Gott kommen kann.

Die zweite Versuchung, auf die wir stoßen, handelt davon, was die anderen Leute über uns sagen und denken. Satan nahm Jesus mit auf die Spitze des jüdischen Tempels und sagte: »Stürze dich hinunter, und wie die Heilige Schrift sagt: ›Auf Gottes Befehl werden die Engel dich tragen.‹« Diese Aussage impliziert, dass sich dann jeder zu Jesus als Sohn Gottes, als Messias, als König der Könige und als Erlöser bekennen würde. Jeder würde begreifen, wie heilig Jesus sein muss, und jeder würde nur gute Dinge über ihn reden. Im Kern sagt Satan: Stürz dich hinunter von deinen Werten, deinen Wahrheiten, deiner Beziehung zu Gott, sodass die anderen Leute erkennen und verkünden, was für eine großartige Person du bist.

Jesus erlebte dieselbe Versuchung, als er am Kreuz hing. Die Schriftgelehrten und die Pharisäer kamen und sagten: »Wenn du der Sohn Gottes bist, komm herunter vom Kreuz und wir werden dir glauben. Stürz dich hinab und wir werden dir glauben.« Das ist auch unsere menschliche Versuchung. Wie häufig lebe ich nicht gemäß den Werten, die sich aus meiner Beziehung zu Gott ergeben, nur damit meine Kinder gut von mir sprechen? Wie oft in meinem Leben kompromittiere ich die Werte, die mir in meiner Beziehung zu Gott am wichtigsten sind, nur weil ich meine Beziehung zu meinem Freund, meiner Freundin oder meinem Ehegatten erhalten will? Wie viele Male halte ich in der Kirche meinen Mund, damit die gute Meinung, die die Leute in meiner Gemeinde von mir haben, gewahrt bleibt, wenn ich doch eigentlich, aufgrund meiner Beziehung zu Gott, etwas anderes denke und fühle? Wie häufig schweige ich angesichts von Ungerechtigkeit, obwohl meine Beziehung zu Gott etwas anderes von mir verlangt?

Indem Jesus dieser Versuchung widersteht, führt er uns vor Augen, dass das, was die Leute sagen, keine Bedeutung hat. Diejenigen, die heute »Hosianna!« rufen, sind genau dieselben, die morgen »Kreuzigt ihn!« schreien. Das Einzige, was zählt, ist das, was Gott mir sagt, und was Gott für mich fühlt: »Ich freue Mich an dir, Ich habe Gefallen an dir, Ich finde Vergnügen an dir.« Es geht nicht darum, ob Leute Gutes oder Schlechtes über mich reden; es geht um die Art und Weise, wie ich mich in meiner Beziehung zu Gott fühle, und darum, dass ich frei bin. Wie die Annehmlichkeiten des Lebens, so sind auch die guten Meinungen der Leute über mich eine nette Sache; für vertrauenswürdig, für moralisch integer, für gerecht zu gelten, ist gut. Aber ich kann meine Glückseligkeit nicht darauf aufbauen oder den Sinn des Lebens darin finden, was die Leute über mich sagen oder denken.

Die dritte Versuchung, der die meisten von uns erliegen, ist die Versuchung, jemand Wichtiges zu sein, irgendeine Art von Autorität oder Macht zu besitzen. Satan versuchte Jesus in der Wüste ein drittes Mal, indem er ihm die Königreiche der Welt in ihrer Großartigkeit zeigte und sagte: »All diese Reiche will ich dir geben, wenn du dich vor mir verbeugst und mich anbetest.« Jesus antwortete: »Ich bin nicht daran interessiert, Autorität und Macht zu besitzen. Ich begehre es nicht, über Dinge oder Menschen zu herrschen. Was für mich zählt, ist, dass meine Autorität aus Gottes Liebe zu mir kommt und aus meiner Beziehung mit dem Göttlichen. Ich werde mich zugunsten von Macht, Titel oder Position nicht von Gott trennen.«

Wie oft im Leben bewerten wir Menschen aufgrund der Macht, die sie ausüben, oder der Titel, die sie tragen? Wie häufig rühmen wir uns selbst dieser Dinge? Denken Sie an den Mann, der danach gefragt wurde, was er tue, und der antwortete: »Ich habe zweihundert Leute unter mir.« Er war für das Rasenmähen auf dem Friedhof zuständig! Allzu oft bemessen die Menschen den Wert ihres Lebens nach der Macht, die sie über andere haben, oder danach, wie weit sie es den Marterpfahl der Hierarchie hinauf geschafft haben. Es stimmt, dass wir aus einer Autoritätsstellung heraus eine Menge Gutes für die Welt tun können. Doch kann diese Position oder Funktion nicht die Quelle unseres Glücks sein oder unserem Leben Sinn verleihen. Unsere Glückseligkeit auf Positionen, Titel oder Funktionen in dieser Welt zu gründen – oder auf irgendetwas Geringeres als das Höchste, als das Göttliche –, führt nur zu Enttäuschung. Früher oder später verlieren Sie diese weltliche Macht und Autorität; sie verändert sich oder wird Ihnen einfach genommen. Die einzige Macht und Autorität, die Bestand hat, ist jene, die Sie nicht verdienen oder »beanspruchen« können, jene, die einfach so zu Ihnen kommt und zwar dafür, wer Sie in Gott sind.

Jesu Taufe und Wüstenerfahrung wurden zur Grundlage für den Rest seines Lebens und trugen ihn durch die Höhen und Tiefen, den ganzen Weg durch seine Passion und durch seinen Tod hindurch. Auf unserer Reise hin zum Göttlichen begegnen wir denselben Versuchungen, mit denen Jesus konfrontiert war. Ja, die materiellen Dinge dieser Welt wurden von Gott erschaffen und sie sind gut. Ja, die gute Meinung der Leute von mir ist schön und gut. Ja, Verantwortung zu tragen und eine Führungspersönlichkeit zu sein, ist wertzuschätzen. Aber keine dieser Sachen sind Ziele als solche, und sie sind auch nicht absolut erforderlich für unsere Beziehung zu Gott. Wenn sie zum Ziel als solches werden, entwickeln sie sich zu einem Hindernis zwischen uns und unserer Reise zum Fluss. Wie Jesus können auch wir Flitterwochen mit Gott verbringen, wenn wir all diese Versuchungen an uns vorbeiziehen lassen und die radikale Freiheit, Gott zu erfahren, umarmen.

22

Du bist Mein

Meine Gotteserfahrung kann in drei Wörtern zusammengefasst werden: Du bist Mein.

IN JESAJA 49.15–16 SAGT DER HERR: »KANN DENN EINE Frau ihr Kindlein vergessen, eine Mutter ihren leiblichen Sohn? Und selbst wenn sie ihn vergessen würde, Ich vergesse dich nicht. Sieh her: Ich habe dich eingezeichnet in Meine Hände.«

Ich erinnere mich, dass ich in meiner Zeit des Aufbaustudiums meinen Professor für die Heilige Schrift fragte: »Ist mit ›Ich werde dich nicht vergessen, denn Ich habe dich in Meine Handflächen eingraviert‹ gemeint, dass Gott uns auf Seinen Körper eintätowiert hat?« Mein Professor antwortete: »Oh nein, Paul, das kann eigentlich nicht damit gemeint sein, da die Juden gegen das Tätowieren waren. Aber ich werde dem nachgehen und es dich wissen lassen.« Er war ein Spezialist auf dem Gebiet der rabbinischen Studien und lehrte das Alte Testament. Als er das nächste Mal die Klasse betrat, sagte er: »Paul, du hast Recht. Der Rabbi, den ich konsultierte, meinte, ›in Meine Handflächen eingraviert‹ bedeutet ›tätowiert‹.« Ich war darüber begeistert, nicht weil ich unbedingt Recht haben wollte, sondern weil dadurch meine persönliche Beziehung und Erfahrung mit Gott vollkommen bestätigt wurde.

Meine Gotteserfahrung kann in drei Wörtern zusammengefasst werden: *Du bist Mein.*

Dieses Verständnis bestimmt weiterhin meine Wirklichkeit mit dem Göttlichen. Gott ist auf meinen Körper tätowiert, und ich bin auf Gott tätowiert. Das Göttliche und ich sind eins. Ich gehöre zum Göttlichen, und nichts kann mir das wegnehmen. Das Göttliche gehört zu mir, und nichts kann dies Gott wegnehmen.

Dieses Verständnis entspringt Jesaja 43.1–7, wo Gott sagt: »Ich habe dich bei deinem Namen gerufen; du bist Mein!« Dies sind nicht nur wunderschöne Worte; es ist meine gelebte Überzeugung. Beginnend mit meiner Kindheit – und obwohl mir Gott zu einer bestimmten Zeit ein Monster zu sein schien – hielt mich eine Sache immer bei Gott: ein Gefühl der Zugehörigkeit; nicht im intellektuellen Sinn eines Dazugehörens, sondern in einem gefühlten Sinn von Vertrautheit. Als ich aufwuchs, spürte ich, dass ich ein verhätscheltes und verwöhntes Kind Gottes war. Ich wusste, dass ich für Gott etwas Besonderes war, und in diesem Glauben wuchs ich auf. Auf meiner Karte zur Priesterweihe standen dieselben drei Wörter: *Du bist Mein.* Das war mein Ausdruck meiner Beziehung zu Gott, und es hilft mir auch weiterhin dabei, mein Leben zu leben und so vollständig zu vertrauen, wie ich nur eben kann. Ich komme zu diesem Ausdruck zurück, wenn ich in die Tiefen des Lebens eintauchen muss – das Leben zelebrieren oder das Leben verstehen, das Leben als Geheimnis wahren oder dem Bösen begegnen muss. Diese drei Wörter haben mir durch Böses hindurch geholfen, durch Schmerz, durch Leid. Ich habe im Laufe der Jahre viel durchgemacht und ich bin daran gewachsen, weil Gott mir versprochen hat, dass ich Sein bin.

In einer Beziehung zu einem großen Gott zu leben – zu einem großen Gott zu gehören –, bedeutet nicht, ohne

Schmerz und ohne Nöte zu sein. Es bedeutet, dass jeder Schmerz eine neue Einsicht in das Geheimnis des Lebens gewährt, einen neuen Grund gibt, zu leben. Jeder Schmerz bringt uns näher an unseren spirituellen Kern und zeigt uns einen neuen Weg, das Leben zu feiern.

Durch all meine schmerzhaften Lebenserfahrungen hat mir »Du bist Mein« dabei geholfen, ein freierer und glücklicherer Mensch zu werden. Ich umarme das Leben mit viel größerer Leichtigkeit und ich zelebriere die Freuden und die Schönheit des Lebens viel ausgeprägter. Ist mein Leben deshalb schmerzhafter? Vielleicht. Aber ich bin freier und nutze jede schmerzhafte Erfahrung, um die Fülle des Lebens näher zu erleben. »Du bist Mein« hilft mir dabei, die letztendliche Bedeutung meines Lebens zu verstehen und zu erfahren. Diese Wörter helfen mir, daran festzuhalten, was immerwährend und wirklich ist, und das Vergängliche loszulassen. Sie helfen mir, die Gelassenheit im Verstand und im Herzen zu bewahren, sogar in Situationen, die überaus schmerzhaft und verstörend sind.

»Du bist Mein« ist keine Idee des Verstandes; es ist kein Konzept. Es ist eine Herzenserfahrung, und ich lebe durch diese Erfahrung oder – im östlichen Verständnis dieses Wortes – diese »Wahrheit«. Diese Erfahrung zieht mich in größere Vertrautheit und größere Liebe hinein. Diese Erfahrung zieht mich in die Tiefen von Gottes Geheimnis und in das Geheimnis des Lebens. Und je tiefer ich in dieses Mysterium eintauche, desto freier und glücklicher bin ich inmitten all meiner Erfahrungen, den guten wie den schlechten.

»Du bist Mein« gibt mir die Autorität, die Dinge zu verkünden, die ich verkünde, und das Leben zu leben, das ich lebe. »Du bist Mein« drückt sich als die Bedeutung und die Botschaft meines Lebens aus. Es gibt mir einen Grund zu leben und einen Grund zu sterben.

Haben Sie in Ihrer Beziehung zum Göttlichen einen Gott erfahren, Der Sich Sie in Seine Handflächen eingraviert hat?

Haben Sie einen Gott erlebt, Der Sie bei Ihrem Namen gerufen hat?

23

Freiheit inmitten des Leidens

Jesus versprach, uns innere Freiheit, Freude und Glückseligkeit zu schenken, die uns von nichts und niemandem genommen werden können, auch nicht inmitten von schrecklichem Schmerz, Leid, Krankheit und Tod.

JEDER, DER SICH DEN IGNATIANISCHEN EXERZITIEN unterzieht, beginnt mit der Lektion über die Sünde. Ich, der Exerzitant, versuche, durch Prüfung und Reflexion meine Beziehung zu Gott zu entdecken. In diesem Kontext entdecke ich mich selbst. Ich entdecke, wer Gott ist, und in dieser Entdeckung erfahre ich, wer ich bin.

Und wer bin ich? Ich bin das Ebenbild und Gleichnis des Göttlichen, gut und schön erschaffen. Wer bin ich? Ich bin derjenige, der Gottes Stimme laut und deutlich hört, wenn Er vom Himmel aus sagt: »Mein Geliebter, Ich freue mich an dir, Ich habe Gefallen an dir, Ich finde Vergnügen an dir.« Das ist es, was ich bin – wichtig, wertvoll und schön. Ich entdecke mich selbst, meine wahre Identität, in meiner Beziehung zu Gott.

Nachdem ich meine Identität gefunden habe, fährt der heilige Ignatius in der Übung fort, mich das Evangelium reflektieren und mich in das Leben und die Person Jesu, der Immanuel ist, eintreten zu lassen. Immanuel bedeutet: »Gott mit uns«. Jesus, der Göttliche, wird Mensch, sodass der Mensch Göttlich wird. An diesem Punkt führt Ignatius Kontemplation als eine Form des Gebets ein. In der ignatianischen Kontemplation [oder Betrachtung] erlauben wir dem Göttlichen Mysterium, dem Fleisch gewordenen Sohn, uns zu erfüllen und uns in ihn zu transformieren. Wir beobachten Immanuel wie eine Sonnenblume, die der Sonne folgt, und werden langsam vom Geheimnis seiner Person durchtränkt. Wenn Ignatius dann über die Passionsgeschichte berichtet, werde ich in dieses Mysterium aufgenommen. Das Herz und der Geist Immanuels werden meine, während ich durch die schmerzvolle Passion und den Tod gehe, die Immanuel durchmacht.

Und hier, inmitten des qualvollsten Leids, physisch, emotional, psychisch und spirituell, begegne ich der Freiheit des Geistes. Aus dieser Übung über die Passion gehe ich hervor wie der Volksstamm, dessen Menschen mit dem Göttlichen tätowiert sind, und mit ihnen kann ich sagen: »Du kannst mir all meine materiellen Besitztümer nehmen – ich kann noch immer singen und tanzen. Du wirst weiterhin den Klang meines Lachens hören. Du kannst mich schlagen, du kannst ungerecht zu mir sein, du kannst mir all meine Rechte nehmen – ich werde trotzdem frei sein.«

Nachdem ich mich viele Male den ignatianischen Exerzitien unterzogen habe, bin ich zur Auffassung gelangt, dass die Passion und das Kreuz Jesu zweierlei besagen. Zum einen sind sie eine Konsequenz daraus, dass ich meine Beziehung zu Gott lebe. Eine Folge meines Lebens mit Gott ist im Wesentlichen ein Sterben, ein Aufgeben und eine Selbstentäußerung. Wenn ich darauf gehört habe, was Jesus sagt, und Jesu Lehren gefolgt bin, werde ich wie er sein. Häufig wehre ich mich dagegen, wie er zu sein, weil, wie er zu sein, auch bedeutet, durch die Passion zu gehen. Wie er zu sein, heißt, auf dem Kalvarienberg zu sein, um die Wiederauferstehung zu erfahren.

Die zweite Bedeutung der Passion ist Frohe Botschaft in Aktion. Die Frohe Botschaft, die Jesus uns zu übermitteln kam, ist Freiheit – nicht Freiheit *von* Leid, *von* Krankheit und *von* Tod, sondern Freiheit, die wir *im* Leiden, *im*

Kranksein und *im* Angesicht des Todes erleben. Jesus hat niemals versprochen, das Leiden aufzuheben. Er hat niemals versprochen, Krankheit zu beseitigen. Er hat niemals versprochen, Tod und Sterben abzuschaffen. Jesus versprach, uns den Frieden zu geben, den die Welt uns nicht geben kann. Jesus versprach, uns innere Freiheit, Freude und Glückseligkeit zu schenken, die uns von nichts und niemandem genommen werden können, auch nicht inmitten von schrecklichem Schmerz, Leid, Krankheit und Tod. Das ist die Frohe Botschaft Jesu, und das ist es, was wir im Kreuz sehen. Das ist es, was wir in der Passion sehen. Das ist es, was die Mystiker fanden, wenn sie die Passion studierten und die Passion beteten. Die Passion war das Lieblingsgebet der meisten Mystiker. Sie liebten die Passion. Sie genossen die Passion. Sie beteten die Passion immer und immer wieder.

Versuchen Sie, wenn Sie die Passionsgeschichte nach Johannes lesen, beginnend mit der Fußwaschung der Jünger im dreizehnten Kapitel, das Herz und den Geist Jesu zu erfassen. Wenn Sie dies wie die Mystiker tun, werden Sie verwandelt werden. Jesus wird Ihnen Stärke geben, und Sie werden die Bedeutung von Leid und Schmerz in Ihrem Leben erkennen. Sie werden einen Sinn finden, der Ihnen durch schwierige Lebensphasen hindurch hilft. Die Passion ist machtvoll. Die Passion ist eine Einladung, das Selbst zu leeren, sodass es Teil des Göttlichen Selbsts werden kann. Hätte Jesus die Füße von Petrus nicht gewaschen, hätte er nicht Anteil am Göttlichen Selbst gehabt.

24
Können Sie die Freiheit erfahren, die das Kreuz Christi ist?

Das Göttliche zu erfahren, bedeutet, ganz in Gottes Liebe zu ruhen, während wir eine Erfahrung des Kreuzes erleben – eine Erfahrung von Freiheit und Befreiung zu jeder Zeit des Lebens, sogar in Leid, Krankheit und Tod.

IN BOMBAY GAB ES EINEN JESUITEN, DER AUF SEINEM Motorrad jeweils von einem Ende der Stadt zum anderen pendelte. Eines Tages wurde er in einen Unfall verwickelt und sein Bein dabei zerschmettert. Man brachte ihn ins Krankenhaus und ein nichtchristlicher Arzt versorgte ihn in der Notfallaufnahme. Als der Schmerz unerträglich wurde, drehte sich der Jesuit zur Wand und ergriff das kleine Holzkreuz, das er um den Hals trug; dann drehte er sich wieder um und lächelte. Um das Bein zu retten, behandelte ihn der Arzt ungefähr einen Monat lang. Eines Abends kam der Arzt zu ihm und sagte: »Vater, wir haben alles in unserer Macht Stehende getan. Es tut mir leid, Ihnen mitteilen zu müssen, dass wir Ihr Bein amputieren müssen.« Der Jesuit erwiderte: »Das ist in Ordnung«, und fiel in einen friedlichen Schlaf. Dieser Mann, der ein aktives Leben geführt hatte und nun sein Bein verlieren sollte, hatte damit gesagt: »Amputieren Sie mein Bein; mir geht es gut.«

Aus dem Arzt und dem Jesuiten wurden gute Freunde. Eines Tages fragte der nichtchristliche Arzt den Jesuiten: »Was in Ihnen, Vater, gibt Ihnen diese Freiheit? Als ich Sie in der Notfallaufnahme sah, beobachtete ich Sie und sagte zu mir, dass Sie entweder ein Heiliger oder der Sohn des Teufels sein müssten. Ich habe Menschen gesehen, die weniger stark verletzt waren und weniger Schmerzen hatten, aber schrien, brüllten und Gott verfluchten – doch Sie waren so friedvoll. In jener Nacht, als ich zu Ihnen kam und Ihnen die Nachricht beizubringen hatte, dass Ihr Bein amputiert werden musste, sagten Sie mit Leichtigkeit ganz schlicht: ›Machen Sie einfach‹, und schliefen ein.« Der Jesuit strahlte und antwortete: »Nun, Doktor, ich weiß, dass Gott mich, ob mit oder ohne Bein, genau gleich liebt.« Und der Narr, dieser Jesuit, glaubte es! Sie und ich sagen ebenfalls: »Mit oder ohne Bein, Gott liebt mich genauso« – doch wir fügen hinzu: »Aber schneiden Sie mir auf keinen Fall mein Bein ab!« Dieser Jesuit war mit dem Leben im Fluss, weil er glaubte, dass Gott ihn so oder so liebte. Sein Glaube an Gottes Liebe für ihn war der Sinn und Zweck seines Lebens. Er konnte alles andere verlieren, solange er Gottes Liebe hatte.

Das ist es, was wir im Kreuz von Jesus Christus sehen. Das Kreuz wird Ihr Bein nicht retten. Das Kreuz wird Ihnen die Operation nicht ersparen. Das Kreuz wird Sie nicht davor bewahren, ein Krüppel zu werden. Aber das Kreuz Jesu Christi wird Ihnen die innere Freiheit geben, die Sie befähigt zu sagen: »Mit oder ohne Bein, Gott liebt mich genauso. Also schneiden Sie es ab, wenn Sie müssen. Ich kann mich in Frieden schlafen legen.« Können Sie diese Freiheit akzeptieren? Sind Sie bereit, in Gottes bedingungsloser Liebe für Sie zu leben?

Hier ist noch ein Beispiel von jemandem, der bereitwillig die Befreiung annahm, die Jesus verkündete, und der Christi Kreuz als Frohe Botschaft in Aktion verstand. Diese Geschichte handelt von meiner Patentante, die in San Francisco lebte.

Ein Jahr vor meiner Priesterweihe schrieb meine Patentante meiner Mutter, dass sie an Krebs erkrankt sei. Natürlich fing meine Mutter an zu weinen, da wir diese Frau liebten. Sie war unsere Lieblingstante. Für uns in Indien war damals das Wort »Krebs« gleichbedeutend mit Tod. Im nächsten

Brief schrieb meine Patentante: »Ich plane, über Weihnachten nach Hause zu kommen.« Wieder weinte meine Mutter, da es das letzte Mal sein würde und wir, so formulierte sie es, wahrscheinlich eine Leiche in unserem Haus willkommen heißen würden. Meine Patentante kam mit ihrer Tochter an, die neun oder zehn Jahre alt war. Nicht einen Moment lang hatte auch nur einer von uns das Gefühl, dass meine Patentante Krebs hatte. Sie war voller Leben. Sie wollte Verwandte besuchen gehen. Sie wollte bestimmte Orte sehen. Sie wollte einkaufen gehen. Sie war so vollkommen lebendig, und dennoch war sie zu sterben verurteilt. Sie würde bald sterben müssen, aber sie sprühte noch immer vor Leben.

Eines Tages setzte sich meine Patentante zu mir und erzählte: »Als mir mitgeteilt wurde, dass ich Krebs hätte und nur noch kurze Zeit zu leben, fiel ich in eine Depression. Ich hatte Angst. Einige meiner Freunde kamen auf mich zu und fragten: ›Willst du dich unserer Gebetsgruppe anschließen?‹ Und so ging ich dort hin und hatte eine tiefe Gotteserfahrung. Ich fand meine Beziehung zu Gott. Heute bete ich nicht mehr darum, dass ich geheilt werde. Ich bete, dass Gott jemandem hilft, ein Mittel gegen Krebs zu entwickeln, damit die Tausende, die nach mir kommen, davon profitieren und geheilt werden können. Aber eine Sache gibt es, um die ich für mich selbst bete: Dass ich jeden einzelnen Tag genießen und so erfüllt wie nur eben möglich leben kann.« Und das tat sie. Deshalb war sie so voller Leben, als sie nach Indien heimkam. Sie war so vollständig gegenwärtig im Leben, dass sie jeden Moment ihres Aufenthalts und jeden Augenblick für den Rest ihres Lebens genießen konnte. Bevor sie abreiste, sagte sie zu mir: »Ich komme zu deiner Priesterweihe wieder.« Diese sollte im folgenden Jahr stattfinden. Als sie zurück in San Francisco war, fuhr sie fort, jeden Tag zu genießen, und lebte so erfüllt, wie sie nur konnte.

Eines Tages realisierte sie, dass ihre Zeit zu sterben, gekommen war. Sie rief ihren Ehemann und sagte: »Bitte bring mich ins Krankenhaus.« Der arme Mann fuhr sie zum Krankenhaus und setzte sie in einen Rollstuhl. Als er sie hineinschob, bat sie ihn, Stift und Papier zur Hand zu nehmen. Sie denken vielleicht, sie wollte ihren Letzten Willen diktieren. Aber sie dachte an ihren Ehemann und ihre kleinen Kinder. Ihr Mann konnte nicht kochen. Ihr ganzes Leben lange hatte sie sich ums Kochen gekümmert. Also begann sie, ihrem Mann ein paar einfache Rezepte zu diktieren, um ihm zu ermöglichen, für sich und die Kinder etwas zum Essen zuzubereiten. Sie starb, während sie in der Notfallaufnahme Rezepte diktierte. Ich habe meine Patentante niemals bemitleidet. Ich beneide sie. Ich bete zu ihr. Ich sage: »Schenke mir diesen Geist, gib mir dieses Herz, das so frei leben kann, wenn ich weiß, dass ich sterben muss, wenn ich weiß, dass alles vorbei ist.« Sie hatte nur eine kurze Zeit zu leben gehabt, doch sie lebte so vollständig. Für sie war der Tod ein Witz. Beim Diktieren von Rezepten schritt sie von diesem Leben ins nächste.

Das war für mich eine Einsicht in das, worum es beim Kreuz Jesu geht. Es ist nicht die Befreiung vom Tod. Es ist nicht die Befreiung vom Leiden. Es ist nicht die Befreiung vom Schmerz. Es ist die innere Freiheit, die wir im Leiden, im Schmerz und im Angesicht des Todes erfahren. Und diese Freiheit steht uns allen offen. Das ist die Frohe Botschaft von Jesus Christus. Das Göttliche zu erfahren, bedeutet, ganz in Gottes Liebe zu ruhen, während wir eine Erfahrung des Kreuzes erleben – eine Erfahrung von Freiheit und Befreiung zu jeder Zeit des Lebens, sogar in Leid, Krankheit und Tod.

25
Bedeuten Ihre Besitztümer Freiheit oder Sklaverei?

MEINE STAMMESFREUNDE IN INDIEN BEFINDEN SICH IN nie zu Ende gehenden Flitterwochen mit Gott, weil ihnen die materiellen Dinge dieser Welt gleichgültig sind. Sie haben nichts, und daher schätzen sie alles.

Eine Wurzel des Bösen sind die materiellen Dinge, nach denen wir Verlangen haben. Eine andere Wurzel des Bösen sind die materiellen Dinge in unserem Zuhause, an denen wir hängen – in der amerikanischen Gesellschaft ist es das Zeug, das sich in unseren Kellern und unseren Dachböden stapelt. Wir sammeln und horten Dinge, und wenn wir alt werden, betrachten wir unsere Kinder und unsere Enkelkinder und unsere Nichten und Neffen und stellen fest, dass sie kaum ein Interesse an unseren Habseligkeiten haben. Nachdem wir gestorben sind, veranstalten sie einen Garagenverkauf und die meisten Dinge, die uns so am Herzen lagen, landen in den Kellern und auf den Dachböden anderer Leute. Und was sich auf dem Flohmarkt nicht verkaufen lässt, landet auf dem Bordstein oder schließlich auf dem Müll.

Später werden dann unsere Kinder zu den Garagenverkäufen anderer Leute gehen und den Krempel von anderen zu sich nach Hause schleppen. Und so geht es immer weiter.

Egal ob Böses persönlich, familiär, kommunal, national oder international ist – die Wurzel des Bösen liegt in den materiellen Dingen dieser Welt. Alles beginnt mit den materiellen Dingen, die wir haben wollen, mit den materiellen Dingen, die wir sammeln, mit den materiellen Dingen, an denen wir hängen, mit den materiellen Dingen, an denen wir festhalten, ohne uns je an ihnen zu erfreuen.

Wir sammeln all diese Andenken, wir stellen sie aus, wir betrachten sie einige Tage und dann vergessen wir sie zumeist. Natürlich verbringen wir die übrige Zeit mit dem Installieren von Alarmanlagen in unserem Haus, auf dass diese Dinge von niemandem entwendet werden. Wir schauen sie nicht mehr an, wir haben keine Freude mehr an ihnen. Doch wenn diesen Dingen irgendetwas zustößt, sind wir am Boden zerstört. Wir sind erschüttert, weil diese Dinge ja so »wertvoll« waren. Aber für wen? Wir nehmen sie kaum noch wahr, wir beschäftigen uns nicht mit ihnen, und eigentlich haben wir uns nie so richtig an ihnen erfreut.

Wir werden von unseren materiellen Besitztümern versklavt und wir verlieren unsere Freiheit. Wir halten Ausschau nach besser bezahlten Jobs, damit wir unsere Häuser noch voller stopfen können. Wir wollen mehr und bessere Sachen haben als unsere Nachbarn, weil wir unseren Selbstwert mit unseren Besitztümern identifizieren. Unsere Sucht nach Besitz lässt uns keine sinnvolle Zeit mehr für uns selbst, für unsere Familien, für unsere Freunde oder für das Göttliche. Verirrt im Morast dieser materiellen Welt, verlieren wir alles Spirituelle aus den Augen. Wir werden von unserem materiellen Besitz derart in Beschlag genommen, dass wir unsere Identität als spirituelle Wesen und unsere Freiheit, ein Leben in Fülle zu leben, verlieren.

Entsorgen Sie die materiellen Dinge in Ihrem Haus, und Sie werden lernen, frei zu sein. Indem Sie materielle Dinge loswerden, schaffen Sie Platz für das Spirituelle. Wenn Sie als Einzelner ihr Zeug weggeben, schaffen Sie Platz für Ihre persönliche Spiritualität. Wenn Sie als Familie den Kram weggeben, wird Ihre Familie spirituell wachsen. Wenn Sie es als Gruppe tun, werden Sie als Glaubensgemeinschaft wachsen. Und wenn Sie es als Nation tun, werden Sie wahrhaftig zum Land der Freien und zur Heimat der Tapferen. Dort beginnt es. Es beginnt mit der Befreiung von diesen materiellen Dingen. Es fängt damit an, dass Sie nicht zum Schlussverkauf in Ihr Lieblingsgeschäft gehen. Ich sage damit nicht, dass Sie sich nicht kaufen sollten, was Sie wirklich brauchen oder mögen, wenn es einen Schlussverkauf gibt. Aber kaufen Sie nichts, nur *weil* Schlussverkauf ist: »Ich brauche es zwar nicht, aber es ist solch ein Schnäppchen, dass ich gleich drei davon gekauft habe.« Wenn das der Fall ist, dann geben Sie auf der Stelle zwei davon Ihren Nachbarn. Mehr zu haben, als man braucht, ist eine Bürde, kein Segen. Man braucht nicht drei Stück, wenn man lernt, mit einem davon zu leben. Wenn Sie lernen, mit dem Minimum zu leben, dann sind Sie frei.

In Indien erzählen wir uns eine Geschichte von einem Mann, der nach Erleuchtung sucht, um zu einem Heiligen und einem Mystiker zu werden. Also geht er zu seinem Lehrer, dem Guru, und dieser sagt zu ihm: »Verkaufe alles, was du hast, und gib das Geld den Armen. Dann komm wieder zu mir, und ich werde dir helfen.« Der Mann tut genau, was sein Lehrer ihm aufgetragen hat, und kommt mit nichts Weiterem zurück als einem Tuch um seine Hüften und einem zweiten, das er trägt, wenn er das erste wäscht. Das ist alles, was er besitzt. Der Lehrer sagt ihm: »Gut. Nun geh in jenes Dorf, sitze in Meditation und bete, und die Dorfbewohner werden sich um dich kümmern.« Also sitzt und betet der Mann und macht große Fortschritte im spirituellen Leben und das Dorf fühlt sich durch die Gegenwart dieses heiligen Mannes gesegnet. Leute kommen von überall her, um von ihm zu lernen.

Eines Tages nimmt er das Tuch, das er um seine Hüften herum trägt, wäscht es und legt es zum Trocken auf das Dach einer kleinen Hütte. Ein paar Ratten kommen und fressen Löcher in das Tuch. Der arme Mann ist niedergeschlagen und geht zu den Dorfbewohnern und sagt: »Bitte gebt mir ein neues Tuch; die Ratten haben dieses angefressen.« Die Dorfbewohner geben ihm ein neues Tuch, aber die Ratten fallen nun auch über dieses her. Das geht Tag für Tag so weiter, bis die Dorfbewohner sagen: »Schau, wir sind arm. Wir können dir nicht tagtäglich ein neues Tuch geben. Bitte nimm diese Katze; sie wird sich für dich um die Ratten kümmern.« Also nimmt er die Katze, und als er das nächste Mal das Tuch zum Trocknen aufhängt, bleibt das Tuch heil, weil die Katze all die Ratten gefressen hat.

Aber jetzt hat der Mann eine Katze, und die Katze muss gefüttert werden, weil es keine Ratten mehr gibt. Also geht der Mann zu den Dorfbewohnern, und sie geben ihm Milch für seine Katze. Doch nach ein paar Tagen sagen sie zu ihm: »Wir können es uns nicht leisten, dir jeden Tag Milch zu überlassen; nimm bitte diese Kuh.« Also nimmt er die Kuh, aber schon bald braucht die Kuh einen Platz zum Grasen, und die Dorfbewohner überlassen dem Mann ein Stückchen Land. Dann geben sie ihm eine Frau, damit sich diese um das Land, die Kuh, die Katze und um ihn kümmert. Kurze Zeit später heiratet dieser heilige Mann die Frau, sie schaffen sich ein Zuhause und leben glücklich bis zum Ende ihrer Tage.

Wie hatte all dies begonnen? Als die Ratten über das Tuch herfielen, in das er sich kleiden wollte, und er die Katze in Besitz nahm. Das scheint vernünftig, oder? Aus noch verständlicheren Gründen akzeptierte er die Kuh, und aus praktischen Überlegungen besorgte er sich ein Stück Land und heiratete eine Frau. Was geschah mit seiner Spiritualität? Sie verschwand. Nach einigen Jahren kam sein Lehrer in das Dorf und suchte nach dem Mann, der so große Fortschritte in seinem spirituellen Leben gemacht hatte – und er fand einen Mann, der war wie alle anderen. Dieser Mystiker, dessen Herz und Geist sich befreit und sich hoch über die heiligen Grenzen emporgeschwungen und nach immer weiteren Horizonten gesucht hatten, fand sich langsam aber sicher von seinen materiellen Besitztümern versklavt. Der heilige Ignatius glaubte, dass die Verlockung der Reichtümer die Quelle aller anderen Laster sei.

26

Sich unterwegs von seiner Last erleichtern

Wenn Sie sich eine Beziehung zu Gott wünschen, müssen Sie in Ihrem Leben Platz für das Spirituelle schaffen.

EIN COLLEGEPROFESSOR, DER SICH SEINEM RUHESTAND näherte, entschied sich, seinen Keller aufzuräumen. Dieser war angefüllt mit Kisten voller seit Jahrzehnten aufbewahrter Notizen und Unterrichtsplänen für seine Klassen. Eine Kiste nach der anderen wanderte aus dem Haus auf den Recyclinghof. Eines Tages ging seine Frau in den Keller, wo sie feststellte, dass dieser noch immer mit Kisten vollgestellt war. »Was ist denn hier los?«, fragte sie. »Ich dachte, du wolltest den Keller aufräumen.«

»Nun ja«, sagte der Professor, »ich habe von allem eine Kopie angefertigt – nur für den Fall der Fälle.«

Frei zu werden, um Platz für Spirituelles in unserem Leben zu schaffen, beginnt damit, dass wir materiellen Besitz, der uns erdrückt, loswerden müssen. Wenn wir unser Leben genau und neutral betrachten, stellen wir fest, dass gar nicht so viel vonnöten ist, damit wir glücklich werden und es bleiben können. Wenn beispielsweise Menschen zu einer Klausur kommen, frage ich sie: »Sind die Dinge, die Sie hierhin mitgebracht haben, wichtig für Sie und dienen sie Ihrer Bequemlichkeit?« Sie bejahen dies. Dann frage ich sie: »Wie viele der Dinge, die Sie zuhause gelassen haben, brauchen Sie wirklich? Wieviel mehr als das, was Sie in die Ferien, auf eine Geschäftsreise oder in eine Klausur mitnehmen, brauchen Sie wirklich?« Ich sage damit nicht, dass wir alles weggeben sollen. Es gibt Dinge, die wir wirklich brauchen. Aber wie viel von dem, was wir in unserem Leben besitzen, ist wirklich notwendig? Sich selbst diese Frage zu stellen und sie zu beantworten, ist der Anfang unserer Freiheit.

Wenn ich auf mein Leben blicke, stelle ich fest, dass ich von Zeit zu Zeit Dinge sammle, und dann sage ich an irgendeinem Punkt: »Wo kommt all dieses Zeug her?!« Dies ist der Moment, in dem ich weiß, dass ich die Dinge loswerden muss. Entsorgen Sie sie! Wenn Sie etwas sechs Monate lang nicht verwendet haben, geben Sie es weg. Wenn Sie etwas seit Jahren nicht mehr angeschaut haben, geben Sie es jemand anderem. Ja, Sie arbeiten hart für die Dinge, die Sie besitzen, aber ich wünschte mir für Sie, dass Sie die materiellen Dinge, die Sie zuhause, in Ihrem Büro, in Ihrem Leben besitzen, unter die Lupe nehmen – zuerst die »entbehrlichen« Dinge, dann die »wesentlichen«. Beginnen Sie mit dem Keller und dem Dachboden. Was brauchen Sie *wirklich?* Überlegen Sie es sich sorgfältig.

Wenn Sie sich eine Beziehung zu Gott wünschen, müssen Sie in Ihrem Leben Platz für das Spirituelle schaffen. In einer Kirche, in der ich eine Zeit lang die Gottesdienste abhielt, nannten wir den letzten Sonntag des Monats den »BAD Sunday«. Was war der BAD Sunday? Es war der *Basement-Attic Disposal Sunday,* der Keller-Dachboden-Entsorgungssonntag – und er war wunderbar. Jeder war eingeladen, zuhause in seinen Keller und auf seinen Dachboden zu gehen, und etwas mit in die Kirche zu bringen, was er dort fand.

Zu meinen älteren Gemeindemitgliedern sagte ich in der Regel: »Solange der Engel Gabriel Ihnen keinen Besuch abstattet, werden Sie aller Wahrscheinlichkeit nach die Baby-Sachen, die Sie in Ihrem Keller gelagert haben, nicht mehr brauchen. Hier gibt es aber junge Leute, die geheiratet und Kinder bekommen haben. Diese Kindersachen sind teuer. Also bringen Sie sie mit zur Kirche, damit die jungen Leute sie benutzen können. Was haben Sie noch in Ihrem Keller –

den Kühlschrank, den Sie von Ihrer Schwiegermutter geschenkt bekamen und nie mochten, den Sie nie benutzten, aber einfach nicht wissen, wie Sie ihn loswerden können? Die Schwiegermutter ist fort, aber der Kühlschrank ist immer noch da. Bringen Sie ihn mit zur Kirche! Er hat nie richtig funktioniert, Sie haben ihn nie benutzt? Wir werden ihn für Sie loswerden. Wenn er auf den Müll gehört, erledigen wir das für Sie. Aber werden Sie ihn los.« Und die Menschen, die daran teilnahmen, fühlten sich leichter und glücklicher.

Es wird Ihnen guttun, über die Dinge, die Sie gesammelt haben, nachzudenken und sie dann wegzugeben. Sie haben die Wohlfahrtsläden, Sie haben die Geschäfte der Vinzenzgemeinschaft, Sie haben die Recyclinghöfe oder Sie schmeißen die Dinge einfach in den Abfall. Sie werden sich leichter und glücklicher fühlen. Eines der Mitglieder meiner Gemeinde, der Leiter der religiösen Bildung unserer Diözese, führte BAD-Montage in der Grundschule ein. Jeweils am letzten Montag des Monats brachten die Kinder etwas mit zur Schule, das sie nicht mehr brauchten. Auf diese Weise wurden sie schon früh in ihrem Leben auf den Weg des spirituellen Friedens geführt.

Wenn Sie eine Starthilfe für Ihr spirituelles Wachstum brauchen, können Sie damit beginnen, die materiellen Dinge loszuwerden, die Sie besitzen. Wie antwortete Jesus auf die erste Versuchung in der Wüste? Er sagte: »Der Mensch lebt nicht von Brot allein.« Er sagt uns damit, dass materielle Dinge unwichtig sind und dass das Einzige, was zählt, unsere Beziehung zu Gott ist, unsere lebenspendende, alles-erhaltende Erfahrung des Göttlichen. Das ist es, was zählt. Werden Sie die materiellen Anker in Ihrem Leben los, und Ihre Reise in den Fluss des Göttlichen wird leichter und freier.

27

Versklaven uns Dinge, die wir nicht vollständig genießen?

Wir werden versklavt von Menschen, Orten und Dingen, an denen wir uns nicht wirklich erfreuen. Wie können wir uns davon befreien? Indem wir sie genießen.

ALS ICH DEN JESUITEN BEITRAT, BRACHTE ICH EINEN Blazer mit, den ich bei einer Preisverleihung in der High School erhalten hatte. An demselben Tag wurde ein gleicher Blazer auch einem Klassenkameraden überreicht, der heute ein internationaler Sportstar ist; tatsächlich hat er es mit seiner Cricket-Karriere sogar in das *Guinnessbuch der Weltrekorde* geschafft. Der Blazer war ein Preis für eine sportliche Spitzenleistung gewesen, und ich hatte ihn gemeinsam mit einem der größten Cricket-Spieler der Welt entgegennehmen dürfen. Eigentlich trug ich diesen Blazer nicht, als ich ins Jesuitennoviziat eintrat, aber ich brachte ihn dennoch mit, sodass ich ihn, sollte sich eine Gelegenheit dazu bieten, den Leuten zeigen konnte.

Ganz zu Beginn des Noviziats unterzogen wir uns einer einmonatigen Klausur, und der Novizen-Meister sprach mit uns über das Thema Bindung. Ich ging zu ihm, um persönlich mit ihm zu sprechen, und sagte: »Sie haben heute über diese Idee des Verhaftetseins gesprochen und es ist etwas sehr Wichtiges, aber ich denke, dass ich ein bisschen mehr Zeit brauche.« Mein Novizenmeister saß auf der Kante seines Sessels und sagte: »Woran hängst du?« Als ich antwortete: »An meinem Blazer«, bat er mich, ihn zu holen. Ich ging, holte mir den Schlüssel zum Gepäckraum, nahm den Blazer und brachte ihn zu meinem Novizenmeister... und war glücklich, dass mein Verhaftetsein verflogen war. Von wegen! Sobald die Klausur vorbei war, ging ich zu meinem Meister und sagte: »Darf ich meinen Blazer zurückhaben? Ich habe nur diesen.« Ich hätte mir einen anderen Blazer besorgen können, aber die Wahrheit war, dass ich keinen anderen wollte; ich wollte *diesen.* Unglücklicherweise, antwortete er, habe er ihn wegegeben und ich würde ihn nicht wieder sehen. Ich hing an ihm, also hatte er ihn weggegeben.

Während vieler Jahre nagte die Geschichte mit dem Blazer an mir. Ich sehnte mich danach. Ich vermisste ihn. Warum? Wahrscheinlich weil ich, genauso wenig wie die armen Schafe, deren Wolle darin verarbeitet worden war, nie eine erfreuliche Erfahrung mit ihm gemacht hatte. Die Temperaturen in Bombay sind so hoch, dass man dort keinen wollenen Blazer braucht; ich hatte ihn also niemals getragen. Die einzige Gelegenheit, bei der ich ihn anhatte, war, als ich das Foto für meinen Sportausweis machen ließ. Wo habe ich den Blazer aufbewahrt? Im Gepäckraum. Habe ich ihn jemals jemandem gezeigt? Eigentlich nicht. Ich habe mich nie an ihm erfreut, aber jetzt, wo er mir weggenommen worden war, vermisste ich ihn. Ich vermisste ihn sehr.

Wenn Sie etwas weggeben, an dem Sie hängen, aber an dem Sie sich niemals richtig erfreut haben, wird es Sie für den Rest Ihres Lebens verfolgen.

Wir werden versklavt von Menschen, Orten und Dingen, an denen wir uns nicht wirklich erfreuen. Wie können wir uns davon befreien? Indem wir sie genießen. Wenn Sie an etwas noch keine Freude hatten, Sie jedoch daran hängen, geben Sie es noch nicht weg. Falls Sie dies nämlich tun, wird es Sie immer verfolgen. Sie werden häufig daran denken, sich darüber ärgern, sich danach sehnen. Der Gedanke an diese Sache wird Sie nicht loslassen. Der Weg, materielle Dinge loszuwerden, verläuft darüber, diese Dinge zu genießen, dankbar dafür zu sein und sie dann wegzugeben: Tschüss, und weg ist es.

Ich erzähle immer wieder gerne die Geschichte meines Neffen, der, als er klein war, mit Vergnügen Schokolade aß. Meine Schwester gab ihm eine Schachtel Pralinen und sagte: »Geh und gib auch allen anderen etwas ab.« Danach kam er zu mir und wir spielten ein Spiel. Ich fragte: »Welche soll ich nehmen?« Und er antwortete: »Irgendeine.« Ich sagte dann: »Welche magst du gerne?« Er zeigte auf ein Stück und sagte: »Diese hier.« »Soll ich die nehmen?«, fragte ich dann. Er antwortete: »Ja, bitte nimm sie.«

Bei meinem Neffen handelt es sich um ein Einzelkind, das genau das Stück Schokolade weggeben kann, welches er am liebsten hat. Wie? Nun, um das verstehen zu können, hätten Sie ihn sehen müssen, wie er eine Praline aß. Einmal nahm ich ihn mit zu einer Familie, der ich einen Besuch abstattete, und die Mutter sagte: »Oh, magst du Schokolade? Iss, iss.« Sie hatte eine ganzes Glas dieses Vergnügens gebracht und es vor meinen Neffen hingestellt. Mein Neffe nahm nicht etwa das erstbeste Schokolädchen aus dem Glas und aß es, sondern er hielt mit großen Augen Ausschau nach seinem Lieblingsstück. Dann nahm er es aus dem Glas, wickelte es vorsichtig aus und begann, daran zu schlecken und den Geschmack auszukosten. Schon allein, ihn zu betrachten, machte einen hungrig, weil er es so sehr genoss. Ich fragte die Frau: »Wäre es in Ordnung, falls er das ganze Glas leer isst? Dann lassen wir ihn allein und gehen zu den anderen.« Ich wusste genau, was mein Neffe jetzt tun würde. Er aß sein Stück Schokolade zu Ende und ging dann spielen. Er wollte kein zweites Stück. Warum? Weil er dieses eine Stück bis zum letzten Schlecken so sehr genossen hatte. Und als ihm einmal, als er krank war, der Arzt sagte, er dürfe drei Monate lang keine Süßigkeiten essen – vermisste mein Neffe die Schokolade? Nein, weil er sie genossen hatte, solange er sie hatte.

Dies trifft bei meinem Neffen nicht nur auf seine Schokolade zu. Genauso geht er mit seinen Spielsachen um. Er hat keine Geschwister, aber immer will er, dass sich auch alle anderen über seine Spielsachen freuen. Und wenn sie weggegeben werden, vermisst er sie auch nicht. Das liegt nicht daran, dass er weiß, dass er neue Spielsachen bekommt. Er kann Dinge weggeben, weil er Freude an ihnen hat, und wenn sie weg sind, trauert er ihnen nicht nach.

Orte, Menschen, Dinge – genießen Sie sie, damit Sie von ihnen nicht besessen sind. Was ist der Grund, warum wir so an unserem Zuhause hängen? Weil wir es noch nicht vollständig genossen haben. Wenn wir uns wahrhaftig an dem Ort erfreuen, an dem wir leben, wenn wir sagen: »Ich bin dankbar für dieses schöne Haus; ich bin dankbar für all die wundervollen Erinnerungen«, dann können wir auch weiterziehen, wenn wir dazu aufgefordert werden.

Unsere Erinnerungen bleiben immer bei uns, so wie es die Wärme und die Energie von Dingen tun – nicht nur unsere Fotografien. Denken Sie nur an die vielen Leute, die jede Menge Zeit damit verbringen, ihre Kinder zu fotografieren und zu filmen, aber sich ihre Kinder nie wirklich betrachten. Sie betrachten Fotografien und Videos. Heutzutage laden sie diese sogar ins Internet, sodass wir anderen uns die Bilder anschauen müssen. Das Kind selbst kriegt man zwar nie zu Gesicht, aber Bilder – ja, Bilder sieht man jede Menge.

Wenn Sie etwas besitzen, das Sie nie genossen haben, und jemand nimmt es ihnen weg – was geschieht dann? Sind Sie glücklich darüber, dass die anderen sich an etwas erfreuen, womit Sie noch nicht abgeschlossen hatten? Nein – Sie werden über diesen Verlust nicht hinwegkommen, weil Sie noch nicht fertig damit waren, diese Sache zu genießen, die Ihnen nun weggenommen wurde. Die Bindung ist noch immer vorhanden. Doch wenn Sie sich Zeit genommen haben, die Dinge, die Sie besitzen, zu genießen, und wenn Sie dankbar für sie sind, wird es Ihnen auch keinen Kummer bereiten, wenn jemand Ihnen etwas wegnimmt.

Wenn Sie also irgendeinem materiellen Ding hinterherhängen, kann es sein, dass Sie vielleicht von etwas versklavt werden, was Sie nicht in Gänze genossen haben. Doch wenn Sie noch nicht darüber weggekommen sind, es verloren zu haben, müssen Sie sich das Ding nicht zurückholen, um sich davon zu befreien. Was Sie tun können, ist, mit dem, was Sie verloren haben, zu sprechen – in Ihrer Vorstellung, in Ihrer Fantasie und in dem Wissen, dass dieses Ding wahrscheinlich nie zu Ihnen zurückkommen wird. Ich kann mit meinem Sport-Blazer reden; ich kann ihm sagen, wie sehr ich ihn schätze, und ihn dann loslassen. Es war wundervoll, ich bin dankbar für das Geschenk, aber ich kann weiterziehen; ich vermisse ihn jetzt nicht mehr. Erleben Sie die Verbindung mit den Dingen in Ihrer Vorstellung, in Ihrem Herzen vollständig, sprechen Sie mit ihnen, nehmen Sie eine Beziehung zu ihnen auf, seien Sie dafür dankbar, dass Sie die Dinge überhaupt in Ihrem Leben gehabt haben, und gehen Sie dann weiter – wissend, dass es mit einem Gott der unbegrenzten Möglichkeiten andere wundervolle Überraschungen geben wird, die es zu genießen gilt. Schreiten Sie voran im Wissen darum, dass Sie als jemand, der als Ebenbild und Gleichnis des Göttlichen geschaffen wurde, nicht wirklich irgendetwas von diesen Dingen benötigen, um das vollständige, ganze, abgeschlossene Wesen zu sein, das Sie sind.

Das funktioniert genauso gut mit Menschen, die Sie verloren haben, ohne sie voll und ganz genossen zu haben. Wenn in Ihrem Leben Menschen sterben und Sie ihnen nicht gesagt haben, dass Sie sie lieben, oder wenn Sie mit ihnen zu wenig Zeit verbracht oder zu wenig von sich geteilt haben, werden Sie diese Menschen vermissen und Sie werden für immer an sie gebunden sein; aber Sie können noch immer mit ihnen sprechen. Anerkennen Sie, was diese Menschen getan und was sie Ihnen gegeben und bedeutet haben. Wenn Sie dies tun, können Sie sie loslassen.

28

Der Geist des Anfängers

Man sagt, der Geist des Anfängers habe, im Gegensatz zum Geist des Fortgeschrittenen, viele Möglichkeiten.

DIE BUDDHISTEN SPRECHEN VIEL VOM ANFÄNGERGEIST. Sie glauben, der Geist des Anfängers habe, im Gegensatz zum Geist des Fortgeschrittenen, viele Möglichkeiten. Dies ist ein schöner Weg, sich dem Leben zu nähern. Den Geist eines Anfängers zu haben, bedeutet, die Dinge so zu tun, als würde man sie zum ersten Mal tun. Wenn Sie Ihrer Frau oder Ihrem Mann jeden Tag zuhause begegnen, tun Sie dies im Anfängergeist, und es ist, als würden Sie dieser Person zum ersten Mal gegenüberstehen. Erinnern Sie sich noch an das erste Mal, als Sie sich trafen? Das Wunder, der Zauber... Menschen sollten einander mit dieser selben Frische anschauen, mit diesem Anfängergeist, sodass sich der Funke ihrer ersten Begegnung wieder einstellt. Wir alle möchten an unseren Beziehungen arbeiten und in unseren Beziehungen wachsen. Wir müssen fähig werden, Funken zu fangen und das Feuer wieder zu entfachen.

Ebenso funktioniert es im Beruf. Wenn Sie Lehrer sind, unterrichten Sie, als wäre es Ihr erstes Mal: mit dieser Frische, mit dieser Spontanität, mit dieser Leidenschaft. Oder wenn Sie Ärztin sind oder Pfleger oder Therapeutin, setzen Sie sich so für diejenigen ein, um die Sie sich kümmern, als wären es Ihre allerersten Patienten. Oder wenn Sie ein Trainer sind, trainieren Sie so, als handelte es sich um Ihr allererstes Team.

Wenn Sie auf Ihr Leben und Ihre Beziehungen als etwas schauen, das immer neu ist und sich ständig ändert, werden Sie mit nichts verhaftet sein. Sie wenden sich dem vollständig zu, was Sie im gegenwärtigen Augenblick vor sich haben, weil dieser sich unablässig verändert. Sie warten in Vorfreude darauf, dass der Geist des Herrn über diesem Moment schwebt und eine neue und noch schönere Schöpfung hervorbringt. Sie werden von dem einen Prozent, das physisch ist, hingeleitet zu den neunundneunzig Prozent, die geistig sind – zum Spirituellen, das in unbeschränkte Möglichkeiten ausbricht.

Der Anfängergeist ist eine mentale und spirituelle Übung. Wenn Sie sich darin bemühen, werden die wiederkehrenden Gedanken, Wahrnehmungen und Erwartungen abnehmen oder Sie befreien sich sogar ganz davon. Das öffnet Sie und ermöglicht, dass etwas Neues geboren wird oder etwas lange Vergessenes wiederentdeckt werden kann. Es öffnet Sie, sodass Sie das Göttliche an allen möglichen überraschenden Orten erfahren, und es kann Ihnen dabei helfen, sich sogar für einen immer größeren Gott zu öffnen.

Wenn Sie also essen, essen Sie, als wäre es das erste Mal. Wenn Sie beten, beten Sie, als würden Sie zum ersten Mal beten. Wenn Sie das Abendmahl empfangen, empfangen Sie es, als würden Sie es zum ersten Mal empfangen. Dann hat das Leben unter allen Umständen bis zu unserem letzten Atemzug Bedeutung.

29

Die versklavende Illusion von Liebe

Gottes kostbarste Geschenke sind manchmal genau die Hürden, die uns dabei im Weg stehen, unsere Beziehung mit dem Göttlichen zu vertiefen.

LIEBE IST EINE DER GRÖSSTEN ILLUSIONEN, DIE DER Mensch haben kann. Diese Illusion von Liebe stellt häufig das schwierigste Hindernis dar für unsere Beziehung zu Gott und für unsere größere und tiefere Erfahrung des Göttlichen.

Denken Sie einen Moment lang über die Geschichte jenes Paares nach, das so sehr ineinander verliebt war, dass alle Eltern von Teenagern auf die beiden zeigten und sagten: »Falls ihr wissen wollt, was Liebe ist, dann schaut euch dieses Paar an.« Eines Tages starb der Mann. Die Frau war so am Boden zerstört, dass sie auf seinen Grabstein eingravieren ließ: »Das Licht meines Lebens ist verschwunden.« Die Leute gingen zum Grab, um ihren Kindern diese Inschrift zu zeigen und mit ihnen über dieses perfekte Paar zu sprechen und darüber, wie sehr die beiden sich geliebt hatten. Die Leute besuchten auch die Frau, um sie zu trösten, und ein Mann ging häufiger zu ihr. Er verliebte sich in die Frau, und irgendwann verliebte auch sie sich in ihn und wollte wieder heiraten. Doch dieser Grabstein brachte sie in Verlegenheit. Also ging sie, ihren Pastor um Rat zu erbitten. Dieser sagte: »Lassen Sie die Inschrift so, wie sie ist. Sie haben geschrieben: ›Das Licht meines Lebens ist verschwunden.‹ Fügen Sie einfach hinzu: ›Nun habe ich ein anderes Streichholz angezündet.‹«

Abraham Lincoln sagte einst, jeder sei in dem Maße glücklich, wie er oder sie sich entscheidet zu sein. Also ist Glück eine innere Wahl. Wenn jemand Sie liebt, macht dieser Mensch Sie nicht glücklich, sondern macht Sie der Quelle Ihres Glücks in Ihnen selbst gewahr. Wenn also jemand, den Sie lieben, Sie zurückstößt oder Sie verlässt oder stirbt, nimmt dieser Mensch Ihr Glück nicht mit sich.

Wenn wir uns an die Liebe eines anderen Menschen klammern oder unser Glück davon abhängig ist, machen wir uns zu Sklaven dieser Beziehung. Indem wir glauben, unser Glück rühre von diesem Menschen her, anstatt vom Fluss des Göttlichen Lebens und der Tatsache, dass wir die Geliebten Gottes sind, halten wir uns selbst zum Narren. Solch eine Beziehung ist keine echte bedingungslose Liebesbeziehung. Wahre Liebe lässt mich ungehindert sein, wer ich bin.

Gottes kostbarste Geschenke sind manchmal genau die Hürden, die uns dabei im Weg stehen, unsere Beziehung mit dem Göttlichen zu vertiefen. Manchmal halten uns unsere Beziehungen, auch die guten, davon ab, zu einer höheren spirituellen Ebene vorzudringen. Ramakrishna, einer der großen indischen Heiligen, erzählte folgende Geschichte.

Es gab einmal einen heiligen Mann, der, immer ganz aufgelöst in der Gegenwart Gottes, durch die Wälder wanderte. Eines Tages kam er auf seinen Wanderungen in eine Stadt, wo er einen jungen Mann antraf, einen wundervollen Mann, zu dem er sagte: »Was verschwendest du deine Zeit hier? Begleite mich in den Wald, und ich will dir zeigen, wie du Gott, Frieden und Glück erfahren kannst.« Der junge Mann antwortete: »Das kann ich nicht tun. Ich habe eine Frau, die mich inniglich liebt; sie wäre am Boden zerstört, wenn ich fortginge. Ich habe Kinder, die von mir abhängig sind; sie lieben mich so sehr. In unserer Familie stehen wir uns alle äußerst nahe. Es ist so viel Liebe in unserer Familie. Ich kann sie nicht einfach verlassen und gehen.« Der heilige Mann sagte: »Das ist eine Illusion. Das alles existiert nur in deiner Einbildung. Sie lieben dich nicht so, wie du denkst. Und du liebst sie nicht so, wie du denkst.« Der junge Mann antwortete: »Ganz sicher tue ich das«. Also sagte der heilige Mann: »Lass es uns überprüfen.«

Der heilige Mann machte einen Vorschlag: »Ich gebe dir diesen kleinen Trank. Wenn du nach Hause kommst, trink ihn, und du wirst umfallen, als ob du tot seist; aber du wirst alles mitbekommen, was um dich herum vorgeht. Ich verspreche dir, dass ich in Kürze bei dir sein werde und dich wieder aufwecken werde.« Der junge Mann erklärte sich damit einverstanden. Er ging nach Hause, nahm den Trank zu sich und fiel um, als wäre er tot. Seine Frau fand ihn als Erste und begann, zu weinen und zu schreien, und konnte nicht getröstet werden. »Mein Ehemann«, rief sie, »ich liebe ihn so sehr. Warum hat Gott ihn mir so früh und so plötzlich genommen?« Auch seine Kinder waren untröstlich. Die ganze Nachbarschaft kam in dem Haus zusammen, um der

Familie beizustehen. Auch sie sprachen davon, wie sehr sie diesen Mann liebten. Und der junge Mann dachte: Ich hoffe, der heilige Mann kommt jetzt, damit er selbst sehen kann, wie sehr ich geliebt werde und wie sehr man sich um mich kümmert.

Der heilige Mann tauchte auf und fragte: »Was ist passiert?« Die Frau sagte: »Dies ist mein Ehemann – ich habe ihn so sehr geliebt und nun ist er von mir gegangen und ich weiß nicht, was ich ohne ihn tun soll.« Die Kinder sagten dasselbe. Und auch die Nachbarn sprachen so über ihn. Darauf kündigte der heilige Mann an: »Ich kann diesen Mann wiederbeleben. Ich habe diesen kleinen Trank. Wenn ich ihn in seinen Mund fließen lasse, wird er ins Leben zurückkommen.« Und alle Anwesenden hörten auf zu weinen und schauten hoffnungsvoll drein. »Doch es gibt eine Bedingung, damit der Trank wirken kann. Einer von euch muss die Hälfte davon einnehmen und wird daran sterben. Ich bin sicher, dass ihr ihn sehr liebt und kein Problem damit habt.«

Als Erste meldete sich die Ehefrau zu Wort: »Was ist ein Zuhause, wenn die Mutter fehlt? Dieser Mann kann nicht kochen. Dieser Mann ist nicht fähig, auf die Kinder aufzupassen.« Deshalb, so sagte sie, könne sie den Trank nicht nehmen. Die Kinder sagten: »Papa hat ein frommes Leben geführt. Gott wird ihn dafür belohnen. Wir sind noch jung und müssen unser eigenes Leben führen.« Die Nachbarn hatten ihre eigenen Familien, und niemand unter ihnen war bereit, den Trank einzunehmen. Der heilige Mann holte den jungen Mann ins Leben zurück, und dieser folgte ihm in die Wälder, ohne sich auch nur einmal umzudrehen.

Ich schlage nicht vor, dass Sie alle Ihre Lieben verlassen und in den Wald gehen sollen. Ich sage nur, dass Sie diese große Illusion der Liebe als das betrachten sollten, was sie wirklich ist. Messen Sie Ihren Lieben und Freunden nicht mehr Bedeutung bei, als sie wirklich haben. Jesus sagte: »Wenn jemand zu mir kommt und nicht hasst seinen Vater und seine Mutter, Weib und Kinder, Brüder und Schwestern [...], der kann nicht mein Jünger sein [Lukas 14.26].« Ich sage nicht, Sie sollen aufhören, Ihre Familie zu lieben. Jesus hat das damit nicht gesagt. Jesus sagt: Liebt sie von ganzem Herzen, mit ganzer Seele; liebt sie, wie ihr Gott liebt; liebt sie, wie ihr euch selbst liebt. Also lieben Sie sie, aber machen Sie sich auch klar, dass Sie sie gleichzeitig loslassen müssen, sodass Sie in der Lage sind, ganz und bedingungslos Gott zu folgen. Das ist etwas, worüber wir alle nachdenken sollten. Wir alle müssen uns auf irgendeine Weise dieser Illusion stellen, und die Konsequenzen daraus sind sehr real.

Als meine Mutter starb, machten wir uns zuhause große Sorgen um unseren Vater. Er war siebenundvierzig Jahre mit meiner Mutter verheiratet gewesen und hatte sehr an ihr gehangen. Wir fragten uns, ob unser Vater jetzt auch sterben werde, da die Liebe seines Lebens fort war. Aber er starb nicht; er überlebte. Nach ihrem Tod lebte er noch zwölf Jahre. Nicht nur, dass er lebte, er lebte in vollen Zügen. Er war vollkommen präsent für das Leben. Natürlich vermisste er meine Mutter. Natürlich sprach er über meine Mutter. Aber ihr Tod zerstörte ihn nicht; ihr Tod brachte ihn nicht um.

Wenn Leute sterben, vermissen wir sie und wir weinen um sie; doch wenn wir sie wirklich geliebt und uns häufig an ihnen erfreut haben, weinen wir, weil wir glücklich sind. Diese Tränen sind Tränen des Glücks, weil ihre Leben ein Geschenk für uns waren und wir uns der glücklichen Momente erinnern. Weil wir sie in Gänze genossen haben, können wir sie auf der physischen Ebene gehen lassen und auf der spirituellen Ebene mit ihnen verbunden bleiben.

Dies trifft sogar auf unsere Beziehung mit dem Göttlichen zu. Einer der Grundsätze des heiligen Ignatius lautet: »Bete, als ob alles von Gott abhinge, und arbeite, als liege alles an dir.« Was der heilige Ignatius sagt, ist, wir sollen uns ganz der Aufgabe hingeben, in der *Gott* wirkt, und vollständig auf das

Göttliche vertrauen. Dies widerspiegelt eine kindliche Haltung, keine kindische. In dieser Beziehung sind wir frei zu sein, wer wir sind, und Gott ist frei, Göttlich zu sein. Diese Beziehung ist eine, die Liebe freilässt.

30

Erbsünde – neu überdacht

Wenn Sie Gott nicht in Ihrem Herzen anbeten,
werden Sie Ihn auch nicht in der Kirche erfahren.
Wenn Sie das Göttliche nicht in sich selbst erfahren,
werden Sie Gott nirgendwo finden.

IN DER KATHOLISCHEN KIRCHE EMPFANGEN WIR AM Aschermittwoch ein Aschezeichen auf unserer Stirn. Wofür steht diese Asche? Für mich ist sie eine Erinnerung daran, dass Gott tatsächlich auf meinen Körper tätowiert ist. Die Asche auf meiner Stirn ist ein Symbol dafür, dass ich mit dem Göttlichen tätowiert bin, so wie auch bestimmte Volksstämme in Indien tätowiert sind. Aschermittwoch ist ein großer Augenblick im liturgischen Kirchenjahr. Er markiert den Anfang der Fastenzeit – vierzig Tage, um dieses Tattoo zu feiern. Er ist eine Einladung, zu singen und zu tanzen, frei zu sein, das Leben *inmitten* von Leid, Krankheit und Tod zu feiern. Es geht nicht so sehr darum, mich daran zu erinnern, dass ich Staub war und wieder zu Staub werde. Und ganz sicherlich geht es nicht darum, mich zu ermahnen, ich sei ein kümmerliches Wesen, ein Sünder, der zur Hölle fahren wird, und dass, was immer ich auch tue, ich für meine Sündhaftigkeit verdammt sei und dass der arme Jesus habe in diese Welt kommen müssen, um für meine Sünden zu sterben.

Mein Jesus starb nicht für meine Sünden. Mein Jesus starb als größter Liebesbeweis, der jemals für uns erbracht wurde. Mein Jesus starb, um der Menschheit ein neues Wissen und ein neues Bewusstsein zu bringen. Mein Jesus starb, weil er sich von den anderen religiösen Menschen seiner Zeit unterschied. Mein Jesus starb, weil ihm die Brunnen der Religion völlig egal waren. Mein Jesus starb, weil er seine Zeit mit sozial und religiös Ausgestoßenen verbrachte, mit Steuereintreibern, Prostituierten und Sündern, denen er versprach, ihnen gehöre das Reich Gottes. Mein Jesus starb, weil er den Tempel zu zerstören kam. Jesus starb, um uns das Wissen zu geben, dass Gott in uns ist und dass, als Gott uns schuf, Er uns nach Seinem Ebenbild schuf. Als Gott uns erschuf, blies Er Seinen Atem in uns. Sie und ich sind der Atem Gottes. Sie und ich sind keine Erbsünder.

Was bedeutet Erbsünde? Ist sie die Wurzel alles Bösen? Wenn Sie aus Indien stammten, würden Sie sagen: »Ja und nein.« Die Wurzel des Bösen ist die Erbsünde, aber was verstehen wir unter »Erbsünde?«

Ich betrachte die Erbsünde als eine Wahl, die zur Unwissenheit geführt hat. Adam und Eva aßen von der verbotenen Frucht aus einer falschen Vorstellung heraus, was es bedeutet, Göttlich zu sein. So wurden sie unwissend darüber, wer sie wirklich waren. Nicht zu begreifen, dass wir im Atem Gottes leben, nicht zu erkennen, dass wir spirituelle Wesen sind, nicht zu wissen, dass wir Göttlich sind – das ist die Wurzel des Bösen. Jesus kam, uns dieses Wissen zu bringen und uns an unsere Identität zu erinnern. Er kam, um uns ins Gedächtnis zu rufen, dass bei unserer Taufe sich der Himmel auftut und Gott Sich uns zuwendet und spricht: »Du bist Mein geliebtes Kind. Ich erfreue Mich an dir, Meine Gnade liegt auf Dir, Ich habe Wohlgefallen an dir.« Wenn wir aufrichtig glauben, dass wir Kinder Gottes sind, erkennen wir, dass wir Göttliche Erben und die Geschenke Gottes unser rechtmäßiges und reiches Erbe sind.

Unsere wahre Identität in Gott zu entdecken, ist der Anfang von Erkenntnis. Adam und Eva waren ohne diese Erkenntnis. Jesus schenkte uns diese Erkenntnis, als er darum betete, dass – nicht nur diejenigen, die Gott ihm anvertraut hatte, sondern auch wir –, »alle eins seien, gleichwie Du, Vater, in mir und ich in Dir« (Johannes 17.21). Wissen bedeutet, unsere wahre Identität zu erkennen, mit Jesus, in der Essenz des Göttlichen. Erbsünde ist das Stadium der Unkenntnis über diese wahre Identität. Das Ende der Unkenntnis besteht darin, die Göttliche Verbindung und die Verbundenheit mit der gesamten Schöpfung zu finden: »Du, Vater, in mir und ich in Dir.« Jesus predigte einen Gott, Der Geist und Wahrheit ist; und wenn Sie Gott nicht in Ihrem Herzen anbeten, werden Sie Ihn auch nicht in der Kirche erfahren. Wenn Sie das Göttliche nicht in sich selbst erfahren, werden Sie Gott nirgendwo finden.

31

Beichte – die Feier der Göttlichen Präsenz

Buße ist die Folge, nicht die Bedingung der Liebe Gottes.

DIE KATHOLISCHE KIRCHE, DIE CHRISTENHEIT, DIE Gesellschaft als Ganzes – sie alle sprechen über den Begriff der Beichte. Was ist Beichte? Nun, es hängt alles davon ab, welchen Blickwinkel Sie einnehmen. Für mich ist die Beichte kein Waschsalon, den man aufsucht, um all seine schmutzige Wäsche abzuladen und reinigen zu lassen, und den man dann glücklich wieder verlässt. Wenn Sie in die Bibel schauen, beginnt die Beichte mit einer Begegnung, einer Gotteserfahrung. Ich komme zur Beichte, um über dieses große Erlebnis zu sprechen, das ich erfahren durfte. Beichte ist eine Zeit, um mich auf *Gott* zu besinnen, nicht auf meine Sünden.

Die Religion lehrt, dass Buße eine notwendige Voraussetzung sei, um Gottes Liebe zu erfahren. Aber Jesus lud die Menschen ein, die Frohe Botschaft zu hören – die gute Nachricht, dass wir ganz und bedingungslos geliebt sind. Buße ist also die Folge, nicht die Bedingung der Liebe Gottes.

Nehmen Sie zum Beispiel Moses. Wann wurde Moses klar, dass er ein Sünder war? Er stand dort beim brennenden Dornbusch und begann, sich ihm zu nähern, als er die Stimme Gottes hörte, die zu ihm sprach: »Der Ort, darauf du stehst, ist heiliger Boden« (2 Moses 3.5). Als Gott Moses' Auftrag bekräftigte, verbarg dieser sein Gesicht und stotterte: »Du weißt doch, dass ich kaum sprechen kann.« Was hatte zu diesem Eingeständnis geführt? Es ging dabei nicht um ein Sprachproblem, sondern um die Tatsache, dass er Gott im brennenden Dornbusch begegnet war.

Betrachten Sie die Geschichte von Petrus und dem Wunder des Fischfangs im fünften Kapitel Lukas. Als Petrus Gott in Jesus beim wundersamen Fischfang begegnete, fiel Petrus auf die Knie und rief: »Herr, gehe von mir hinaus! Ich bin ein sündiger Mensch« [Lukas 5.8]. Das war der Moment, als Jesus sagte, dass er Petrus zu einem Menschenfischer machen werde. Während Petrus durch sein Wort und durch sein Leben bekannte, dass Jesus der »Herr« war, lautete das Bekenntnis, die Beichte, von Maria Magdalena »Rabbi« (Lehrer) und die von Thomas »Mein Herr und mein Gott«.

Was also ist Beichte, Bekenntnis [*confessio*]? Beichte bedeutet, den wundervollen Gott, Dem ich soeben begegnet bin, zu bekennen und zu beichten, dass ich mir meiner eigenen Defizite und Schwächen gewahr bin, welche Hürden bei der Vertiefung meiner Beziehung zu Gott darstellen, und fähig zu sein, diese Erfahrung mit dem Rest der Welt zu teilen.

Dieses Bekenntnis ist ein *Resultat* meiner Begegnung, meines Erlebnisses mit Gott, nicht eine *Voraussetzung* für die Göttliche Präsenz.

Wenn ich zur Beichte gehe, spreche ich mit dem Priester über den wundervollen Gott, Dem ich seit der letzten Beichte begegnet bin und Den ich seither erfahren habe. Dann rede ich darüber, wie alles in meinem Leben mir dabei helfen kann, zu wachsen und auf meine Göttlichen Erfahrungen zu antworten. Und ich bin dankbar für die Selbst-Bewusstwerdung, die diese Erfahrungen mit sich gebracht haben. Ich bin dankbar für die Reue, die ganz natürlich als Resultat dieser Bewusstwerdung in mir fließt. Wenn ich beichte, ist es die Göttliche Präsenz [oder Gegenwart] und die bedingungslose Liebe für mich, die ich bekenne und feiere. Beichte in ihrem wahrsten Sinn ist eine Feier der Liebe Gottes. Jedes Mal, wenn ich Gott auf eine neue oder größere Art und Weise erfahre, habe ich das Bedürfnis, zur Beichte zu eilen.

32

Im Hier und Jetzt leben

Um das Leben voll und ganz zu leben, müssen wir seine Vergänglichkeit akzeptieren.

NACH EINEM ARZTBESUCH RIEF EIN MANN SEINE FRAU an und weinte. Sie fragte: »Was ist das Problem, Liebling?« Der Mann sagte: »Der Arzt hat mir diese Tabletten gegeben, und ich muss für den Rest meines Lebens jeden Tag eine davon schlucken.« Und seine Frau fragte: »Aber warum bist du darüber so aufgeregt?« Er antwortete: »Er hat mir nur vier Tabletten gegeben.« Wenn Sie dieser Mann wären und hätten nur noch vier Tage, wie würden Sie Ihr Leben führen?

Um das Leben voll und ganz zu leben, müssen wir seine Vergänglichkeit akzeptieren. Im gängigen amerikanischen Verständnis gibt es so etwas wie Vergänglichkeit nicht. Alles ist dauerhaft. Alles ist immerwährend. Jeder wird ewig leben. Doch in Wirklichkeit ist nichts in dieser Welt von Dauer; nichts ist für immer hier. Leben ist im ständigen Fluss; alles ist in permanenter Veränderung. Niemals steigen Sie in denselben Fluss. Jedes Mal, wenn Sie einem Menschen begegnen, begegnen Sie ihm zum ersten Mal, weil Sie sich beide seit Ihrer letzten Begegnung verändert haben. Während Sie sich an Ihre Kinder klammern, verändern sich diese. Während Sie sich an Ihre Eltern und an Ihre Lieben klammern, verändern sich auch diese. Während Sie sich an Ihre Besitztümer klammern, verändern Sie sich. Die Beziehung, die Sie heute haben, ist nicht die von gestern und auch nicht die, die Sie morgen haben werden.

Wenn Sie versuchen, an dem festzuhalten, was sich ständig ändert, öffnen Sie sich für Frustration und Enttäuschung. Im Osten gibt es das Sprichwort: »Ein Fluss bleibt rein, indem er fließt. Ein Mensch bleibt heilig, indem er geht« – weiter hinein in das Geheimnis des Lebens, um ein tieferes Bewusstsein der eigenen Identität im Göttlichen zu finden. Inmitten der Vergänglichkeit des Lebens sucht der Heilige das einzig Konstante, das Göttliche, das er nur im Hier und Jetzt finden kann.

Ein Zen-Meister wurde gefragt: »Was ist das Geheimnis deines Lebens und deiner Mystik?« Er antwortete: »Jeden Morgen stehe ich mit dem Gefühl auf, dass dies mein letzter Tag sein könnte.« Dann fragte man ihn: »Wissen das denn nicht alle?« Der Meister antwortete: »Sie wissen es; ich fühle es.« Wenn heute Ihr letzter Tag wäre, wie würden Sie ihn leben wollen? Wollen Sie weiterhin zornig sein auf Menschen, von denen Sie verletzt wurden? Wollen Sie weiter an diesem Groll festhalten? Wollen Sie sich weiterhin an solche Dinge klammern? Wenn Sie noch fünf Minuten zu leben hätten und nur ein Telefonat führen dürften, wen würden Sie anrufen, was würden Sie diesem Menschen sagen, und warum warten Sie noch? Vielleicht erhalten Sie keine weitere Möglichkeit. Ganz im Jetzt zu leben, bedeutet zu leben, als wäre dies Ihr letzter Tag.

Hier ist eine andere Methode, voll im Jetzt zu leben, ganz inmitten der Vergänglichkeit: Leben Sie, als befänden Sie sich in der Gegenwart einer angriffslustigen Kobra. Wenn Sie in der Gegenwart dieser tödlichen Giftschlange sind, denken Sie nicht über Ihre Sünden oder die großen Taten Ihres Lebens nach. Sie denken nicht an Ihren Reichtum, weil das keinen Sinn macht. Sie grübeln nicht darüber, was die Leute über Sie denken und sagen. Sie sonnen sich nicht in Ihrer Macht und Autorität. Sie sind ganz im Jetzt. Überlegen Sie einen Augenblick lang. Dieser gegenwärtige Augenblick ist Teil jedes Augenblicks seit Anbeginn der Zeit. Dieser gegenwärtige Augenblick ist Teil jedes Augenblicks bis zum Ende der Zeit. Dieser gegenwärtige Augenblick ist ewige Zeit. Der Stuhl, auf dem Sie sitzen, und der Boden, den Ihre Füße berühren, sind Teil von überall. Wenn Sie das Leben ganz im Hier und ganz im Jetzt leben, leben Sie das ewige Leben, hier und jetzt.

In unserer indischen Tradition haben wir dazu eine Geschichte; sie handelt von einem Mann, der von einem Tiger gejagt wurde. Dieser Kamerad rannte und rannte, bis er an einen Brunnen kam. Er sprang hinein und landete auf einem Ast, der aus der Brunnenwand herauswuchs. Der Mann schaute hinauf: Oben am Brunnenschacht wartete der Tiger auf ihn. Der Mann schaute nach unten und sah dort giftige Schlangen. Er blickte um sich her – und es war doch tatsächlich Fruchtzeit! Er streckte seine Hand nach dem Obst aus und begann, eine reife Frucht zu essen und genoss sie. Nun, denken Sie darüber nach. Das ist vernünftige Psychologie und Spiritualität und eine wunderbare Art zu leben. Nur weil über mir ein Tiger hockt und unter mir Schlangen zischen, sollte ich mich der Schönheit und des Geschenks des Augenblicks berauben lassen?

Wie häufig haben wir Angst vor den Tigern, die auf uns warten: Oh nein, da drüben lauert ein Tiger auf mich – ein Tiger namens »der anstehende Besuch meiner Schwiegermutter«, »meine Kreditkartenrechnung«, »meine übermäßige Esssucht«, »meine große Präsentation diese Woche auf der Arbeit«, »der Streit, den ich mit meiner Schwester hatte«, »das schlechte Benehmen meiner Kinder«, »meine Machtverliebtheit und meine Selbstherrlichkeit«, »die ärztliche Diagnose meines Partners«… Aber wissen Sie was? Während Sie hier sitzen und darüber nachdenken, welcher Tiger über Ihnen lauert, befindet sich Ihr Körper hier. Ihr Verstand ist dort und Ihr Körper ist hier. Sie sind nicht ganz; Ihr Selbst blendet sich ein und aus. Sie können das Geschenk der Gegenwart nicht wirklich genießen, weil Sie an den Tiger denken. Ihr Verstand erlaubt Ihnen nicht, im Moment zu leben. Entweder er bedauert etwas, was in der Vergangenheit liegt, oder er hat Angst vor der Zukunft. Und wenn der Tiger über Sie herfällt, werden Sie herausfinden, dass es nicht so ist, wie Sie erwartet haben, und Sie denken: Warum habe ich bloß all die Zeit mit der Sorge um den Tiger verschwendet? Und die Obstsaison ist vorbei.

Nun, nehmen wir mal an, dass der Tiger, wenn Sie ihm gegenübertreten, Sie auffressen wird. Noch haben Sie die Wahl: Sie können gefressen werden und die Früchte vorher noch genossen haben, oder Sie werden gefressen, ohne sich an ihnen erfreut zu haben. Es ist besser, die Früchte zu essen, den Augenblick zu genießen und dann aufgefressen zu werden. Leben Sie das Leben – leben Sie es in vollen Zügen.

33
Sind Sie Teil einer vertikalen oder einer horizontalen Welt?

DAS JOHANNESEVANGELIUM BEGINNT BEKANNTERMASSEN mit dem griechischen Wort *logos.* Es besagt, dass im Anfang Logos war, und Logos war bei Gott, und Gott war Logos. Eine übliche Übersetzung für *logos* ist »Wort«. Übersetzen wir *logos* mit »Wort«, bedeutet dies, dass wir in einer vertikalen Welt leben. Wenn wir, wie einige es tun, *logos* mit »Bedeutung« übersetzen, leben wir in einer horizontalen Welt.

Lassen Sie mich versuchen, dies zu veranschaulichen. In einer vertikalen Welt finde ich meine Identität und meinen Platz in der Welt durch Gott und durch jeden, der Gott repräsentiert. Falls ich Katholik bin, wird Gott durch die Kirche, den Papst, die Kardinäle, Bischöfe, Theologen und Priester, die Älteren und die Eltern repräsentiert – all diese Menschen sagen mir, wer ich bin und was im Leben von mir erwartet wird.

Als Reaktion auf diese vertikale Welt, die sehr strukturiert ist, fingen die Leute an, zu rebellieren und nur für sich selbst zu leben. Die »Gott, Gott, Gott«-Maxime der vertikalen Welt wurde zum »Ich, ich, ich«. Eigennutz und persönliche Bereicherung wurden in allen Aspekten des Lebens zu den bestimmenden Faktoren.

In einer horizontalen Welt, die als Antwort auf das Desaster des »Ich, ich, ich« entstand, beginne ich, nach Bedeutung Ausschau zu halten. Ich finde meine Identität, meine Aufgabe in diesem Leben und das, was mein Inneres von mir erwartet. Ich suche nicht nach jemanden, der mir sagt, wer ich bin oder was von mir erwartet wird. Ich lebe aber auch nicht selbstbezogen, sondern versuche, ein sinnvolles Leben zu leben.

Wenn wir wissen wollen, in welcher Art von Welt wir leben, können uns einige Fragen dabei helfen: Wo bin ich? Wo bin ich an diesem Punkt des Lebens?

Suche ich eher nach einer äußeren Autorität in meinem Leben, meiner Familie oder meiner Kirche, die mir sagt, wer ich bin und was von mir erwartet wird? Eine Autorität, die mir sagt, woher ich komme und wohin ich gehe, die mir über meinen Anfang und mein Ende erzählt? Lebe ich ein selbstbezogenes oder selbstsüchtiges Leben? Oder aber schaue ich in mich hinein und sage: »Dies ist es, was ich bin, von dort komme ich her und da gehe ich hin«? Sage ich: »Was auch immer mir andere erzählen, ich besitze und trage die Verantwortung für das, was ich in mir gefunden habe«? Falls Sie das Erstere erfahren, leben Sie in einer vertikalen Welt. Falls das Letztere zutrifft, leben Sie in einer horizontalen Welt.

Sind Sie nun also Teil einer vertikalen oder einer horizontalen Welt? Oder sind Sie beides, teils vertikal und teils horizontal?

Was mich betrifft, so bin ich auf das Erfahren der Traditionen angewiesen; ich bin angewiesen auf die Weisheit von Älteren, die mir dabei hilft herauszufinden, wer ich bin und was von mir im Leben erwartet wird – das ist vertikal. Aber ich bin auf sie angewiesen, nicht von ihnen abhängig – das ist horizontal. Ich ziehe sie ihrer Weisheit wegen zu Rate und bin dann fähig, diese Weisheit in mir zu integrieren und ihr in meinem Alltagsleben einen persönlichen Ausdruck zu geben. Basierend auf der Weisheit der Tradition und den Erfahrungen der Älteren – oder was auch immer ich brauche und finde – entdecke ich, wer ich bin, und entscheide, was von mir im Leben erwartet wird. Wahrscheinlich ist dies das ideale Szenario – zu lernen, das Beste vom Vertikalen und vom Horizontalen zu nehmen und ein sinnvolles Leben zu führen.

34
Das »Mich« und das »Ich«

Die Menschen suchen irgendwie überall nach Bedeutung, und wenn sie sie finden, finden sie das Göttliche und sie finden sich selbst.

DER PSYCHOLOGE VIKTOR FRANKL SCHRIEB, DASS DIE westliche Gesellschaft drei Phasen des Verstehens durchschritten habe. Die erste Phase begann im Mittelalter, als sich alles um Gott drehte. Da gab es Gott morgens, nachmittags und abends. Gott gab mir diese Kinder, es ist Gottes Plan, dass ich diese Krankheit habe, und es ist Gottes Wille, dass dieser Mensch gestorben ist. Es war Gottes Segen, dass ich diesen wunderbaren Job bekommen habe, und Gottes Wille, dass ich ihn wieder verloren habe. Alles ist Gottes Wille, Gottes Plan.

Diese Phase dauerte bis in die 1960er-Jahre, als es zu einer Reaktion gegen dieses Gottesverständnis kam – und gegen diese vertikale Welt, in der wir aus uns heraus und über uns hinaus schauen mussten, um herauszufinden, wer wir waren und was von uns im Leben erwartet wurde. Die Sechzigerjahre erlebten eine Reaktion auf Institutionen, Strukturen und Autoritäten. Es entstand die Hippie-Bewegung, in der sich alles um Selbstverwirklichung und das »Mich, mich, mich« drehte: Was gehen *mich* die Anderen an? Was springt für *mich* dabei raus? Wie bringt das *mich* weiter? Was kann *mich* zu einem besseren Menschen machen? Was macht *mich* glücklicher? Ich interessiere *mich* für nichts und niemanden, außer es geht *mich* etwas an... Alles dreht sich um mich und geht um mich.

Diese zweite Phase handelte nur vom »Mich«. Frankl sagte, dass viele Menschen in einer Welt leben, die nur von einem einzigen Menschen bevölkert wird. Dies ist das Resultat der »Mich, mich, mich«-Erfahrung. Die einzige Person von Bedeutung, die einzige Person, die es wirklich gibt, bin ich. Wenn man in einer Welt mit nur einem Einwohner lebt, erfährt man Entfremdung. Die Menschen sagen: »Okay, wenn sich alles nur um dich dreht – gut.« Und plötzlich stellt man fest, dass man allein ist. Entfremdung deprimiert. Wenn man deprimiert ist, versucht man, die Depression mit Alkohol, Drogen, Sex und einer Menge anderer sinnloser Aktivitäten zu überwinden. Sind Sie ein Workaholic? Arbeiten Sie, um dem Alleinsein zu entgehen? Geben Sie auf der Arbeit alles und räumen dann am Wochenende zwanghaft Ihr Haus auf? Leben Sie im Kaufrausch? Oder gehören Sie zu denen, die den Fernseher nicht ausschalten können, obwohl sie sich dauernd darüber beklagen, dass darin nichts Vernünftiges läuft? Hängen Sie in Spielcasinos rum, weil Sie dem Alleinsein davonlaufen? Oder halten Sie aus Angst davor ständig nach neuen Leuten Ausschau? Vergessen Sie nicht, dass Einsamkeit die Orte frequentiert, wo sich die Masse trifft. Menschen, die in einer Welt der Einzahl leben, versuchen, ihr Leben mit sinnlosen Aktivitäten vollzustopfen, und natürlich lindert das nicht ihre Depression. Flüchtige und manchmal ernsthafte Selbstmordgedanken tauchen in diesen Menschen auf. Selbstmord ist es für mich nicht nur, wenn man sich das Leben nimmt, sondernd auch, wenn man sich dafür entscheidet, aufzuhören zu leben. Es gibt viele Menschen, die bereits als Sechzehnjährige in diesem Sinn Selbstmord begangen haben, und nun mit sechzig noch immer darauf warten, begraben zu werden. Sie sind nicht wirklich lebendig; sie existieren einfach nur und bewegen sich wie Geister von einem Tag zum nächsten.

Heute befinden wir uns in der dritten Phase. Die Menschen suchen irgendwie überall nach Bedeutung, und wenn sie sie finden, finden sie das Göttliche und sie finden sich selbst. Ich finde Gott und ich finde mich – also nicht das »Mich«, sondern das »Ich«, das große Selbst, nicht das kleine Selbst. Was ist der Unterschied zwischen dem »Mich« und dem »Ich«? Das »Mich« verändert sich andauernd. Das »Mich« ist an einem Tag glücklich, am nächsten depressiv; das »Mich« ist heute erfolgreich, morgen ein Versager. Das »Ich« ändert sich nie; es hat Bestand. Das »Ich« ist das Ebenbild und Gleichnis Gottes, gut und schön erschaffen. Das »Ich« ist der Atem Gottes. Als Gott den Menschen erschuf, machte Er Mann und Frau aus Lehm und blies in diesen Lehm Seinen eigenen Atem. Dieser Lebensatem ist das »Ich«. Gott sah, dass das »Ich« sehr gut ist, dass es ewig ist und sich niemals ändert. Das »Mich« hingegen ändert sich andauernd. Wenn Sie nach Bedeutung suchen, leben Sie immer weniger mit dem »Mich« und immer mehr mit dem »Ich«.

Die meisten Menschen wissen nicht, wer sie wirklich sind. Sind Sie Ihr Körper? Ihr Körper verändert sich von Jahr zu Jahr – dies ist das aktuelle Modell, das Modell vom letzten Jahr ist verschwunden. Wenn Sie nicht glauben können, dass sich Ihr Körper Jahr für Jahr verändert, werden Sie zumindest eingestehen, dass der Körper, den Sie heute haben, nicht mehr derselbe ist wie jener, den Sie als Kind hatten. Das »Ich« jedoch ändert sich niemals – darum sind Sie nicht Ihr Körper.

Sind Sie Ihre Gefühle? Ihre Gefühle verändern sich die ganze Zeit über. Sind Sie Ihr Denken? Auch Ihre Gedanken verändern sich laufend. Sind Sie die tolle Arbeit, die Sie leisten? Diese Arbeit hat nichts Beständiges; wenn Sie tot sind, wird sich wahrscheinlich niemand mehr an Ihre Arbeit erinnern. Sind Sie Ihre Beziehungen? Die Person, mit der Sie eine Beziehung führen, verändert sich andauernd, die Dynamik der Beziehung verändert sich laufend, und auch Sie verändern sich ständig.

Wer also bin ich? Mir gefällt, was Paulus in seinem Brief an die Galater in Vers 3.28 sagt. Er schreibt, dass in unserer

Beziehung mit Gott durch Christus Jesus wir weder männlich noch weiblich, weder Jude noch Heide, weder Sklave noch frei sind – das ist das »Ich«. Ich bin noch nicht einmal meine Männlichkeit. Jenseits dessen, dass ich ein Mann bin, ist etwas anderes. Jenseits dessen, dass ich ein Inder bin, ist etwas anderes. Jenseits meines Körpers, meiner Gefühle, meines Denkens, meiner persönlichen Beziehungen – jenseits all dessen ist etwas anderes. Und das ist das »Ich«. Wenn ich diesem »Ich« begegne, werde ich frei sein. Wenn ich durch dieses »Ich« lebe, wird sich meine Erfahrung in diesem Leben verändern. Wenn ich dieses »Ich« erfahre, werde ich endlich anfangen zu leben.

35

Unsere gestohlene Sinnsuche

Wenn der Brunnen der Religion Dogmen, Liturgien und stumpfe Gebete anbietet, ohne das Herz zu erquicken, beraubt er den Menschen obendrein der Erfahrung des Göttlichen und vermag nicht, seinen Geist zu stillen.

GRUNDBEDÜRFNISSE WIE NAHRUNG, SCHUTZ UND KLEIdung sind bei den meisten Menschen in der Ersten Welt gedeckt. Wir haben alles, was wir brauchen, und mehr. Wir haben eine Klimaanlage, wenn es heiß ist. Wir haben eine Heizung, für den Fall, dass es kalt wird. Wir haben ein Auto, vielleicht sogar zwei, und wahrscheinlich zwei oder drei Fernseher. Wir haben einen Computer, ein Mobiltelefon, eine Mikrowelle und eine Waschmaschine, und unser Leben ist bequem geworden. Und doch fehlt es so vielen Menschen an Sinn.

Viktor Frankl bietet einen interessanten Blick auf diese Situation. Er postuliert drei Axiome, die uns helfen können zu verstehen, wie wir ein sinnvolles Leben führen können. Das erste ist, dass das Leben unter allen Umständen bis zu unserem letzten Atemzug von Bedeutung ist. Das zweite besagt, dass wir alle einen angeborenen Willen nach Sinn haben: unser stärkstes Motiv, zu leben und zu handeln. Einfach ausgedrückt bedeutet dies, dass wir sterben würden, wenn wir keinen Grund zu leben hätten. Das dritte Axiom besagt nach Frankl, dass wir über die Freiheit verfügen, Sinn zu finden, und dass dieser Sinn, den wir entdecken, *der* Sinn des Lebens ist, jene existenzielle Bedeutung, die wir herausfinden durch existenzielle Fragen wie: Wer bin ich, woher komme ich, wohin gehe ich und was ist der Zweck meines Lebens?

Wenn wir unser Leben in der heutigen Welt hinterfragen, werden wir herausfinden, dass wir eine Menge haben, *wovon* wir leben, aber sehr wenig, *wofür* wir leben. Die kapitalistische Gesellschaft hat den Menschen seiner Sinnsuche beraubt, indem sie ihn davon überzeugt hat, dass das Glück in der nächsten Anschaffung, im nächsten Drink, in der nächsten Extravaganz zu finden sei. Aber wie die heutigen Massen der stillen Verzweifelten und hoffnungslos Sehnsüchtigen beweisen, stellen Konsum und Annehmlichkeiten des Lebens den menschlichen Geist nicht zufrieden. Wenn der Brunnen der Religion Dogmen, Liturgien und stumpfe Gebete anbietet, ohne das Herz zu erquicken, beraubt er den Menschen obendrein der Erfahrung des Göttlichen und vermag nicht, seinen Geist zu stillen. Wir können mit Maria Magdalena sagen: »Sie haben mir meinen Herrn genommen, und ich weiß nicht, wohin man ihn gelegt hat« [Johannes 20.13].

Indem sie unsere Sinnsuche geraubt haben, stehlen uns Gesellschaft und Religion auch unseren Lebenswillen und die Freiheit, zum höchsten Lebenssinn zu gelangen. Es ist wie in der Geschichte vom Mann, der in den Supermarkt ging, um ein Stück Fleisch zu kaufen. Zum Fleisch erhielt er auch ein Kochbuch. Als er aus dem Geschäft herauskam, stahl ihm jemand sein Fleisch. Der Mann stand da, lachte hinter dem davonrennenden Dieb her und rief: »Du Dummkopf! Du hast zwar das Fleisch, aber ich habe das Kochbuch!« Wir haben ein wunderbares Kochbuch, aber die Religion hat das Fleisch gestohlen. Was für einen Nutzen hat ein Kochbuch ohne das Fleisch?

Weil Gesellschaft und Religion den Menschen Mittel ohne Sinn geben, müssen diese den Zweck alleine herausfinden. Einige entdecken ihn in sozialen Aktivitäten, andere in Kunst und Kultur; einige finden ihn in ihrem Beruf oder im Familienleben; wieder andere werden auf ihrer Sinnsuche von Sekten, manchmal sogar von Terrororganisationen angezogen. Wenn Soziales, Kunst und Kultur, Arbeit und Familie, Kult und Fanatismus zum Selbstzweck werden, entwickeln sie sich jedoch zum Hindernis auf dem Weg zum eigentlichen Ziel und Lebenssinn. Nach und nach stilisieren wir diese Dinge zu *der* Bedeutung unseres Lebens hoch, und diese werden zu Kleingöttern aller Arten. Sie halten uns davon ab, dem ewigen »Ich« zu begegnen, das unsere Identität im Göttlichen und unsere Verbundenheit mit dem Rest der Menschheit und der gesamten Schöpfung ist.

36

Was soll auf Ihrem Grabstein geschrieben stehen?

Was würde zusammenfassend beschreiben, wer Sie sind?
Wofür leben Sie? Was ist der Zweck Ihres Lebens?

IN INDIEN GIBT ES EINE GRUPPE VON NONNEN, DIE AUF humorvolle Art und Weise begreiflich machen, wie groß ihre Hingabe an Maria ist. Sie haben den verschiedenen Schwestern ihrer Gemeinschaft Bezeichnungen aus der *Litanei Unserer Lieben Frau* gegeben. Eine Schwester heißt »die Ursache unserer Freude«. Wenn das Leben also düster, bedrückend und von Sorge erfüllt ist, betritt diese Schwester den Raum und, noch bevor es jemand richtig bemerkt, sind alle miteinander am Plaudern. Der Humor dieser Schwester erfüllt den Raum mit Gelächter, und bald schon verziehen sich die dunklen Wolken und machen der Freude Platz. Heute ist diese Schwester als Missionarin in einem weit entfernten Land tätig, und wohin auch immer sie geht, steckt ihr froher Geist die Menschen an. Die Inschrift auf ihrem Grabstein könnte lauten: »Hier ruht ›die Ursache unserer Freude‹«!

Eine andere Schwester trägt den Namen »der Turm der Weisheit«. Wenn es darum geht, einen Ausweg aus scheinbar unmöglichen Situationen zu finden, schaut jeder auf diese Schwester aufgrund ihrer Weisheit. Sie zieht Menschen an, die in schwierigen und schmerzhaften Zeiten ihres Lebens nach Lösungen suchen.

In der Gemeinschaft lebt auch »die meistgeplagte Jungfrau«. Sie beklagt sich dauernd darüber, dass niemand sie mag, niemand sie zu verstehen scheint und niemand sich um sie kümmert. Nichts scheint ihr gut genug zu sein.

Was ist mit Ihnen – was würde zusammenfassend beschreiben, wer Sie sind? Wofür leben Sie? Was ist der Zweck Ihres Lebens? Es gibt noch einen anderen Weg, diese Fragen zu stellen: Was soll auf Ihrem Grabstein eingraviert sein?

Was möchten Sie auf Ihrem Grabstein stehen haben – nicht in der Zukunft, sondern genau jetzt? Denken Sie ein wenig darüber nach. Helfen Sie denen, die sich um Ihren Grabstein zu kümmern haben: Schreiben Sie auf, was dieser aussagen soll. Zeigen Sie es Ihrer Familie. Vielleicht schnitzen Sie es aus und halten es bereit. Wie würden Sie Ihr Leben mit nur wenigen Worten auf den Punkt bringen? Wenn Sie auf der Ebene der Bedeutung leben, wird es Ihnen keine Schwierigkeiten bereiten.

Unsere Grabsteine fassen unsere Lebensgeschichten zusammen. Sie widerspiegeln das Erbe, das wir hinterlassen. Sie sind für uns ein Weg, die Bedeutung und die Botschaft unseres Lebens zu reflektieren. Die Inschrift auf dem Stein eines jung gestorbenen Mannes lautet: »Sein Leben lehrte uns, wie wir zu leben haben, sein Tod, wie wir sterben sollten«! Dieser junge Mann hatte sein Leben in ganzer Fülle gelebt, und sein Tod war nur ein Übergang in die Fülle des ewigen Lebens. Sein Grabstein bleibt für uns Zurückgebliebenen eine Inspiration.

Was soll auf Ihrem Grabstein geschrieben stehen? Wie würden Sie die Geschichte und die Bedeutung Ihres Lebens gerne zusammengefasst wissen? Wenn Sie dies jetzt entscheiden, werden Sie beginnen, sich über dessen Sinn klarzuwerden, und aller Wahrscheinlichkeit nach werden sie dementsprechend leben, sodass Ihr Grabstein zu einer sich selbst erfüllenden Prophezeiung wird.

37

Das Leben schuldet uns kein Vergnügen – es bietet uns einen Sinn

Vergnügen ist ein Nebenprodukt einer sinnvollen Tätigkeit.

WENN MAN AKZEPTIERT, DASS UNSERE STÄRKSTE MOTIvation für unser Leben und Handeln ein angeborener Wille nach Sinn ist – dass wir, mit anderen Worten, ohne einen Grund zu leben, sterben werden –, dann *wird* dieser Wille nach Sinn zum Vergnügungswillen in Gegensatz treten. Freud sprach viel über Vergnügen. Er sagte, dass Menschen sterben, wenn sie in ihrem Leben kein Vergnügen haben. Er war schlau. Denken Sie nur daran, was wir im Fernsehen und in unseren Zeitungen und Zeitschriften zu sehen bekommen, all das Gerede in unserer Kultur über die Vergnügen, »die das Leben lebenswert machen«. Die Botschaft, die wir hören, lautet: »Wenn das Leben keinen Spaß macht, sterben wir. Also kaufen Sie dies, tun Sie das, glauben Sie an jenes...«

Vergnügen nimmt ganz unterschiedliche Formen an. Nehmen wir meine Studenten. Sie wollen, dass man es ihnen leicht macht: »Benoten Sie mich mit einer Eins. Ich werde diese Arbeit zwar nicht schreiben, aber geben Sie mir trotzdem eine Eins. Ich werde immerhin an der Vorlesung teilnehmen, also geben Sie mir eine Eins.« Sie wollen Leichtigkeit und Vergnügen. Wenn sie erst einmal sechzehn Jahre alt sind, heißt es: »Gib mir ein Auto und lass mich weiter vergnügt, leicht und bequem leben.«

Aber das Leben schuldet uns kein Vergnügen – es bietet uns einen Sinn. Die Vergnügungssucht ist eine Einbahnstraße. Das Leben ist nicht vergnüglich. Jeder Erwachsene, jeder mit gesundem Menschenverstand wird Ihnen sagen, dass das Leben voller Leid ist. Geburt ist Leid; Tod ist Leid. Leuten zu begegnen, ist Leid; Trennung ist Leid. Hallo sagen ist Leid; Auf Wiedersehen sagen ist Leid. Leben ist voller Schmerz. Das Leben schuldet uns kein Vergnügen; es bietet uns einen Sinn. Vergnügen ist ein Nebenprodukt einer sinnvollen Tätigkeit.

Sie können dies auf Ihre Arbeitssituation anwenden. Jeden Tag zur Arbeit zu gehen, ist für einige Menschen nicht angenehm. Aber wenn Sie einer sinnvollen Tätigkeit nachgehen, werden Sie immer wieder zufrieden und im Allgemeinen glücklich nach Hause kommen. Es ist sinnvoll, Kinder aufzuziehen, obwohl die Arbeit nicht immer angenehm ist (deshalb ist es nett, Großmutter oder Onkel zu sein – dann kann man die Kinder wieder zurückschicken). Wenn Sie einen Sinn darin sehen, Ihre Kinder aufzuziehen, werden Sie Vergnügen finden. Die Arbeit macht vielleicht nicht immer Spaß, doch letztendlich wird sie immer befriedigend sein. Das Leben schuldet uns kein Vergnügen; es bietet uns Bedeutung.

Wir alle haben die Freiheit, einen Sinn im Leben zu finden; und dieser Sinn ist der *große* Sinn. Es ist der Sinn, den ich herausfinden muss. Er ist nicht, was die Religion mir sagt, was meine Eltern mir erzählen, was die Lehrer, die Weisen oder die Präsidenten und CEOs mir vorgeben. Es ist nicht das, was irgendjemand anderes mir weißmachen will. Als Mensch, als Geschöpf Gottes, bin ich dazu aufgefordert, meinen eigene Sinn herauszufinden.

38

Reagieren oder antworten Sie auf das Leben?

Situationen an sich schaffen keine Gefühle.
Es ist unsere Wahrnehmung der Situationen, die uns dazu bringt, uns gut oder schlecht zu fühlen.

IN SEINEM BUCH DIE »7 WEGE ZUR EFFEKTIVITÄT« schreibt Stephen Covey über eine Erfahrung, die er einmal machte, als er mit der New Yorker U-Bahn unterwegs war. Stellen Sie sich vor, Sie fahren früh am Morgen in der U-Bahn und alle scheinen sich wohlzufühlen – die Leute trinken ihren Kaffee, lesen ihre Zeitungen und Zeitschriften, arbeiten auf ihren Laptops, sprechen in ihre Mobiltelefone. Alles ist normal und friedlich. An jeder Station steigen ein paar Leute aus und ein paar steigen zu, alles geht ruhig und gelassen vor sich, bis der Zug an der nächsten Haltestelle anhält und ein Mann mit seinen kleinen Kindern einsteigt. Der Mann findet für sich und die Kinder freie Plätze und setzt sich dann gedankenversunken hin. Während er seinen Gedanken nachhängt, beginnen die Kinder, den Gang rauf- und runterzuspringen, sie schreien, rufen einander und rennen durch das ganze Abteil.

Wie würden Sie sich fühlen? Wären Sie zornig auf den Mann? Warum wären Sie zornig? Vielleicht denken Sie: »Dieser Mann sollte in der Öffentlichkeit auf seine Kinder achten. Wenn er nicht weiß, wie man auf Kinder Acht gibt, warum hat er dann welche?« Würden Sie sich über die Kinder ärgern, weil sie einen derartigen Lärm verursachen? »Verzogene Blagen!«, denken Sie vielleicht. Sie stellen fest, dass keine Mutter da ist. Vielleicht denken Sie nun: »Ich wette, die Mutter hat den Mann mit diesen ungezogenen Kindern sitzen lassen.« Stellen Sie sich vor, wie Sie zu diesem verantwortungslosen Vater hinübergehen, sich vor ihn hinstellen und sagen: »Entschuldigen Sie bitte, würden Sie vielleicht auf Ihre Kinder achtgeben? Sie stören wirklich, und ich denke, dass allmählich jeder hier verärgert ist.« Dann hebt der Mann seinen Kopf, schaut Sie an und sagt: »Diese Kinder haben gerade ihre Mutter im Krankenhaus verloren. Sie ist vor zwei Stunden gestorben, und jedes Mal, wenn ich versuche, ihnen den Tod ihrer Mutter zu erklären, reagieren sie so.«

Wie fühlen Sie sich nun? Die Kinder springen rauf und runter, schreien und lärmen herum. Aber jetzt fühlen Sie sich entsetzlich. Sie fühlen sich schuldig. Ihnen tut der Mann leid, Ihnen tun die Kinder leid und Sie fühlen sich schlecht wegen deren Mutter. Vielleicht regen Sie sich sogar über sich selbst auf, dass Sie sich so über den Vater und die Kinder erzürnt hatten.

Ich erzähle Ihnen diese Geschichte als Beispiel für die Macht unserer Meinungen. Emotionen werden nicht durch Situationen verursacht. Emotionen entstehen aufgrund unserer *Meinung* über Situationen, Meinungen, die unsere Wahrnehmung und unser Verständnis von Geschehnissen trüben. In diesem Beispiel tollen die Kinder noch immer herum und machen Lärm, doch einige von uns sind nun nicht mehr verärgert, sondern traurig, fühlen Mitleid und sind betroffen. Andere sind vielleicht noch immer zornig, weil sie der Meinung sind, dass sich Kinder in der Öffentlichkeit immer gut benehmen sollten. Meinungen verursachen Emotionen, die ein Verhalten nach sich ziehen. Wenn wir uns über eine Situation aufregen und erzürnt reagieren, liegt das daran, dass wir zornige Meinungen darüber haben. Wenn wir mitfühlend sind, liegt es an unseren mitfühlenden Meinungen.

Situationen an sich schaffen keine Gefühle. Es ist unsere Wahrnehmung der Situationen, die uns dazu bringt, uns gut oder schlecht zu fühlen. Sowenig, wie uns Situationen glücklich oder traurig machen können, kann uns eine andere Person glücklich oder traurig werden lassen. *Wir* entscheiden, glücklich oder traurig zu sein. Wenn wir nach größerer Freiheit in unserem Leben suchen, müssen wir eine objektive und rationale Haltung zeigen gegenüber dem Verhältnis der Macht unserer Meinungen versus der Macht der Situationen. *Wir* haben die Kontrolle über unsere Emotionen. Wenn wir in Freiheit leben, entscheiden wir uns für unsere Antwort, anstatt uns von unseren automatischen zerstörerischen Reaktionen übers Ohr hauen zu lassen.

Nun fragen Sie vielleicht: »Okay, aber *wie* mache ich das? Wie kann ich meine Antwort wählen, wenn ich unter Druck bin, wenn mir beigebracht wurde, entweder Angst zu haben oder zu kämpfen, wenn die Situation ›schlecht‹ für mich aussieht?« In stressigen, angsterfüllten oder bedrückenden Momenten kann uns die »PFA-Formel« helfen, frei zu bleiben: Wir *pausieren*, um uns zu *fragen*, wie wir *antworten* möchten, anstatt einfach zu reagieren und dann damit leben zu müssen, unsere negativen Reaktionen zu bedauern. Lassen Sie mich erklären, was ich mit *reagieren* meine: Sie schubsen, ich drücke. Ohne überhaupt nachzudenken, drücke ich. Das ist meine Reaktion. Sie ist unverzüglich und nicht mit meinem höheren Selbst, dem beständigen »Ich« und dem Sinn meines

Lebens verbunden. Meine Reaktion ist ein eingesperrter Reflex. Dies ist keine Freiheit. Wenn Sie hingegen die PFA-Formel anwenden, können Sie *antworten.* Ich mache eine kurze Pause (um mich in der Situation zu finden), frage (wie verhält sich diese Situation zum Sinn meines Lebens; wie möchte ich antworten, da mir doch eine Welt unbegrenzter Möglichkeiten zur Verfügung steht?) und antworte dann (mit einer frei gewählten Handlung – nicht mit einer Reaktion). Das Antworten anstelle des Reagierens hilft uns in jeder Situation, frei und in größerem Einklang mit unserer wahren Identität zu leben. Es hilft uns, die gesuchte Freiheit zu ergreifen, in den Fluss des Göttlichen Lebens zu treten.

39

Was also ist eine Meinung?

Meinungen sind erlernt, und darum kann man sie auch wieder verlernen.

WAS AUCH IMMER WIR IN UNSEREM LEBEN ÄNDERN möchten, zunächst müssen wir unsere Meinungen ändern. Unter dem Wort »Meinungen« verstehe ich hier das, was wir aus dem Bauch heraus für wahr halten, auch wenn wir es im Kopf vielleicht sogar ablehnen. Ich kann zum Beispiel formulieren, dass ich kein Rassist bin, mir jedoch gleichzeitig unmöglich vorstellen, dass eines meiner Kinder jemanden aus einer anderen ethnischen Gruppe heiratet. Oder ich sage, dass ich an einen liebenden Gott glaube, und bete dennoch dafür, dass alle, die nicht meiner eigenen Religion angehören, konvertiert werden mögen. Manche Leute glauben, Meinungen könnten nicht verändert werden, sie seien halt so, wie sie eben sind. Aber Meinungen sind erlernt, und darum kann man sie auch wieder verlernen.

Wir werden nicht mit Meinungen geboren. Schauen Sie sich das Leben eines Kindes an. Es kommt nicht mit irgendwelchen Ansichten zur Welt. Ein Kind will mit jedem spielen; ein Kind will überall hin und alles tun. Ein Kind kennt nur wenige Unterschiede. Gemäß Carl Gustav Jung denkt ein kleines Kind, als »das Unschuldige«, tatsächlich, es sei noch im Paradies, im Zentrum der Welt, wo Bedürfnisse befriedigt werden und alles zauberhaft ist. Meinungen entwickelt das Kind erst, wenn es den Reaktionen der wichtigen Personen seiner Umgebung ausgesetzt ist. Meinungen werden erlernt und können deshalb auch wieder verlernt, und neue Meinungen können hinzugelernt werden. Gewissermaßen unterziehen wir uns dauernd einer Gehirnwäsche, manipulieren uns oder programmieren uns um – warum tun wir dies dann nicht mit dem Ziel einer positiven Veränderung?

Nehmen wir beispielsweise unsere Meinungen über den Tod. Ist Tod gut oder schlecht, glücklich oder traurig? Als Woody Allen gefragt wurde: »Haben Sie Angst vor dem Tod?«, antwortete er: »Nein, aber ich möchte nicht dabei sein, wenn es passiert.« Das ist eine Meinung – aus dem Bauch heraus geglaubt, aber vom Kopf abgelehnt. Eine Mutter stirbt, nachdem sie eine lange Zeit sehr gelitten hat, und einige in der Familie sagen: »Gott hat doch auf eine Art Erbarmen gehabt mit unserer Mutter, und ihr Tod ersparte ihr noch mehr Schmerzen und Leid.« Doch ein anderes Familienmitglied meint: »Leid oder nicht, sie ist meine einzige Mutter und ich will sie zurück, solange sie leben kann und es noch einen Funken Hoffnung gibt.« Wieder ein Anderer sagt vielleicht: »Ich habe meine Mutter auf einer körperlichen Ebene verloren, aber auf einer spirituellen wird sie immer bei mir sein. Eigentlich ist sie nun, da sie tot ist, lebendiger als zu den Zeiten, als sie noch mit uns lebte.« Derselbe Tod, dieselbe Mutter, dieselbe Familie, aber ganz unterschiedliche Antworten – alles hängt von unseren Meinungen ab.

Was ist mit dem Nichtbestehen einer Prüfung: Ist das gut oder schlecht, glücklich oder traurig? Das hängt ganz von unserer Meinung ab? Für einige bedeutet es das Ende ihrer Welt und sie erwägen, Selbstmord zu begehen, während es für andere einen glücklichen Moment darstellt, weil sie erkennen, dass ihre Gaben und Talente sie anderswohin rufen, wo sie glücklicher und ausgefüllter sein werden. Und wieder andere sehen dieses Durchfallen als Möglichkeit, aus gemachten Fehlern zu lernen und in ihrem Leben weiterzugehen.

Was ist mit der Liebe? Ist sie gut oder schlecht, glücklich oder traurig? Es gibt diese Geschichte über einen Krankenhausverwalter, der der psychiatrischen Station einen Besuch abstattet. Ein Psychiater begleitet ihn auf seinem Rundgang. Sie kommen zu einem Mann, der mit seinem Kopf zwischen den Händen dasitzt, seinen Körper vor- und zurückwiegt und immer wieder stöhnt: »Lulu, Lulu, Lulu.« Der Verwalter befragt den Psychiater zu dem Mann und dieser berichtet ihm, dass Lulu der Name jener Frau sei, die diesen Mann zurückgewiesen habe. Der Mann konnte die Ablehnung nicht akzeptieren, brachte sich um seinen Verstand und sitzt nun dort und brabbelt ohne Unterlass: »Lulu, Lulu, Lulu.« Wie schade, denkt der Verwalter. Er und der Psychiater setzen ihren Rundgang fort und treffen auf einen anderen Mann, der mit dem Kopf zwischen seinen Händen dasitzt, sich vor- und zurückwiegt und ebenfalls unablässig stöhnt: »Lulu, Lulu, Lulu.« Der Verwalter fragt den Psychiater: »Hat Lulu auch diesen abgewiesen?« Der Psychiater antwortet: »Nein, diesen Mann hat Lulu geheiratet.«

Es gibt jene, die glauben, ihr Glück hänge von den Menschen ab, von denen sie geliebt werden, während andere meinen, dass, wenn sie von jemandem geliebt werden, dieser Mensch sie nicht glücklich, sondern sie auf die Quelle ihres Glücks in sich selbst aufmerksam macht. Wenn also dieser von Ihnen geliebte Mensch Sie ablehnt, Sie verlässt oder stirbt, nimmt er nicht Ihr Glück mit.

Shakespeare schrieb in *Hamlet:* »An sich ist nichts weder gut noch schlecht; das Denken macht es erst dazu.« Unsere Wahrnehmung von Lebenssituationen lässt uns so fühlen, wie wir es tun, und diese Gefühle wiederum ziehen bestimmte Verhaltensweisen nach sich. Wenn wir die Art und Weise verändern möchten, wie wir uns verhalten, oder unsere negativen Gefühle oder unsere selbsterrichteten Beschränkungen, die unsere Erfahrung eines großen Gottes blockieren, dann müssen wir an unserer Wahrnehmung des Lebens und an unseren Bauchmeinungen arbeiten. Wir müssen aufhören, auf die Reaktionen anderer Leute zu hören, die diese erlernten Meinungen füttern, und anfangen, unsere Wahrnehmungen zu befreien und unsere Meinungen zu ändern.

40

Die Bibel und das Land

In unserem eigenen Leben wurden uns Bibeln aller Art gegeben, und unser Land wurde uns genommen.

ERZBISCHOF DESMOND TUTU SAGTE EINMAL, DASS DIE Missionare, als sie zum ersten Mal nach Afrika kamen, die Bibel hatten, und die Afrikaner das Land. Dann sagten die Missionare: »Lasset uns beten.« Die Afrikaner schlossen die Augen, und als sie sie wieder öffneten, besaßen sie die Bibel und die Missionare das Land. Neben ihrer buchstäblichen Bedeutung haben Bibel und Land hier auch eine symbolische. Die Bibel ist das Glaubenssystem, aus dem wir den Sinn beziehen. Und das Land? Die Afrikaner waren eng verbunden mit dem Land. Es gab ihnen ihre Identität. Es definierte sie als Individuen und als Stämme. Als ihnen ihr Land genommen wurde, waren sie weniger sich selbst.

In unserem eigenen Leben wurden uns Bibeln aller Art gegeben, und unser Land wurde uns genommen. Wegen der Bibeln, die wir mit uns herumtragen, leben wir das Leben nicht in seiner ganzen Fülle. Können Sie noch hören, wie Ihre Eltern sagen: »Mädchen machen niemals... Jungen machen immer...«? Ich kenne eine junge Frau in Indien, deren Mutter ihr eintrichterte, dass ihr Körper nur als Leichnam das Haus ihres Ehemannes verlassen würde. Ihre Hochzeit war mit einem Mann arrangiert worden, der eine Freundin hatte. Kurz nach der Hochzeit schwängerte dieser Mann seine Frau, sodass sie ihn nicht verlassen konnte. Während er weiterhin mit jener anderen Frau ein Verhältnis hatte, warf er seiner Ehefrau vor, das Kind, mit dem sie schwanger war, sei gar nicht von ihm. Er hielt seine Frau als eine Dienerin, die sich um das Haus und seine Eltern zu kümmern hatte. Nun, seine Frau hat einen Magisterabschluss und ist die einzige Tochter von Eltern, die im diplomatischen Dienst des Landes stehen. Und dennoch hallt die Stimme ihrer Mutter laut und deutlich in ihr nach: »Nur als Leichnam wirst du das Haus deines Mannes verlassen.« Die Frau unternahm drei Selbstmordversuche, doch sie lebt weiterhin im Haus ihres Mannes.

Vielleicht gab Ihnen Ihre Familienbibel Ihr Selbstverständnis und bestimmte die Art, wie Sie zu unterschiedlichen Gruppen von Menschen in Beziehung treten. Als Sie alt genug waren, wurden Sie mit in die Kirche genommen, wo man Ihnen beibrachte, was Sie zu glauben haben. Die Bemerkungen Ihrer Lehrer und der Gleichaltrigen werden noch immer in Ihrem Unterbewusstsein nachhallen. Ihr Ehegatte wird eine weitere Bibel mit in Ihr Leben gebracht haben. Und selbstverständlich versorgen die Medien Sie mit Bibeln, die so viele Ihrer Entscheidungen beeinflussen. Überlegen Sie, wie oft Ihnen gesagt wurde: »Mach es einfach.« Sie sind beladen mit all diesen Bibeln – wessen Leben führen Sie eigentlich? Wo ist Ihr Land? Die einzige Möglichkeit, Ihr

Leben zurückzubekommen, besteht darin, alle Bibeln wegzugeben, sich Ihr Land zurückzuholen, Ihre eigene heilige Schrift zu verfassen und Verantwortung für Ihr Leben zu übernehmen.

Jesus sagte: »Wenn jemand zu mir kommt und nicht hasst seinen Vater und seine Mutter, Weib und Kinder, Brüder und Schwestern [...], der kann nicht mein Jünger sein« [Lukas 14.26]. Jesus will, dass wir die Freiheit kennen.

41

Ich brauche Liebe und Anerkennung von jedem – die schädliche Grundüberzeugung Nummer eins

MEINUNGEN WERDEN ERLERNT UND VERLERNT UND durch neue Meinungen ersetzt. Verhaltensmuster werden von drei Grundüberzeugungen ausgelöst, die wir uns genauer anschauen müssen, weil diese dazu neigen, die meisten unserer Probleme zu verursachen. Bei der ersten handelt es sich darum zu glauben, dass ich erst dann etwas wert bin, wenn ich von jedem Liebe und Anerkennung erhalte oder in allem, was ich tue, perfekt bin. Falls dem nicht so ist, bin ich wertlos und zu nichts zu gebrauchen. Lassen Sie mich diese Aussage wiederholen, weil sie wichtig ist: *Ich muss von jedem Liebe und Anerkennung erhalten oder muss in allem, was ich tue, perfekt sein; ansonsten bin ich nutzlos und ich muss mir Sorgen machen.*

Was an dieser Aussage ist ungesund oder irrational? Ich setze mein Selbstwertgefühl auf dieselbe Stufe wie Ablehnung, Kritik und Versagen. Ich muss von jedem Liebe und Anerkennung erhalten oder muss in allem, was ich tue, perfekt sein. Die irrationalen Wörter sind *muss*, von *jedem* und *perfekt*. Was wäre eine vernünftigere Art, dies zu formulieren?

Welche Ausdrücke könnte man statt »ich muss« verwenden? Was ist mit: »Ich würde gern«, »es wäre erstrebenswert«, »ich wünschte mir«, von jedem Liebe und Anerkennung zu bekommen? Doch sogar, wenn Sie danach streben oder sich wünschen, sehr, sehr gut in allem zu sein, Liebe und die Anerkennung von jedem zu erhalten – ist das realistisch oder möglich? Nein, es ist unmöglich, von jedem Liebe und Anerkennung zu bekommen. Ist es *notwendig*, die Liebe und die Anerkennung von jedermann zu erhalten. Nein, es ist nicht nötig. Ist es notwendig, Liebe und Anerkennung von bedeutsamen Menschen in meinem Leben zu erhalten – meinen Eltern, meinem Ehegatten oder meinen Kindern? Nun, das ist einfacher gesagt als getan.

Ein Teil dessen, was mich unglücklich werden lässt, ist die selbstauferlegte Anforderung, von allen, die in meinem Leben wichtig sind, geliebt und bestätigt zu werden. Damit lege ich mein Glück sozusagen in deren Hände. Meine Eltern sind dann diejenigen, die mein Glück bestimmen. Wenn sie mich lieben, bin ich zufrieden; wenn sie mich zurückweisen, geht es mir schlecht. Ebenso ist es bei meinem Ehegatten. Wenn er oder sie mich liebt, fühle ich mich glücklich; wenn er oder sie mich zurückweist, geht es mir elendig. Und dasselbe setzt sich fort mit meinen Kindern, meinem Vorgesetzten, meinen Freunden und Bekannten. Ich brauche ihre Liebe und ihre Anerkennung, um glücklich zu sein; bekomme ich sie nicht, fühle ich mich ängstlich und wertlos. Was ist, wenn mich jemand kritisiert, etwas Gemeines und Schlechtes über mich sagt oder mir mitteilt, dass irgendetwas wirklich nicht mit mir stimmt? Dann beginne ich, nervös und ängstlich zu werden, und denke: »Vielleicht stimmt das, was diese Person über mich sagt.«

Aber nun kommt der knifflige Teil, der etwas schwierig zu akzeptieren ist. Die Wahrheit lautet: Ich brauche die Liebe und die Anerkennung der anderen gar nicht, noch nicht einmal von denen, die ich liebe, um ein vollständiger und wertvoller Mensch zu sein. Klar, es wäre nett – sogar wunderbar –, Liebe und Anerkennung von den Eltern, der Familie und den mir Nahen und Lieben zu erhalten. Aber es gibt kein universelles Gesetz, das besagt, dass ich, falls ich von diesen Leuten keine Liebe bekomme, nicht glücklich sein kann. Ich kann dennoch glücklich sein. Ich kann trotz allem Freude und Zufriedenheit kennen und ein erfülltes, lebendiges Leben führen. Sicher, es ist schlimm, dass meine Eltern mich nicht wollen. Es ist schwer, dass meine Eltern gestorben sind oder mich weggegeben haben, als ich klein war, oder dass meine Kindheit ein heilloses Schlamassel war. Es ist schlimm, dass mein Ehegatte sich scheiden lassen will oder meine Kinder mich zurückweisen. Aber all diese Dinge bedeuten nicht, dass ich nicht glücklich sein kann. Ich kann es, weil ich nicht das »Mich« bin, das sich mit der Vergänglichkeit des Lebens verändert: Ich bin nicht das weggegebene Kind; ich bin nicht die Geschiedene. Ich kann glücklich sein, weil ich das dauerhafte »Ich« bin, das nach dem Ebenbild und Gleichnis Gottes geschaffen und dessen Identität im Göttlichen ist, in einem bedingungslos liebenden und fürsorglichen Gott. »Mein Geliebter, Ich freue Mich an dir, Ich habe Gefallen an dir, Ich finde Vergnügen an dir.« Kinder mögen der Liebe bedürfen; Erwachsene bedürfen, Liebende zu werden.

Diese Grundüberzeugung, dass wir die Liebe und Anerkennung anderer Menschen brauchen, zu verändern, ist oft schwierig, insbesondere für diejenigen, die eine traurige oder schwere Vergangenheit haben. Es ist wahr, dass unsere Vergangenheit unsere Gegenwart beeinflusst, aber sie besitzt nicht die Kontrolle über unsere Gegenwart oder bestimmt unsere Zukunft. Die Kontrolle liegt in unseren Händen. Wir können uns ändern. Ich kann Veränderung in meinem Leben geschehen lassen. Meine früheren Erlebnisse mögen heute Einfluss auf mich haben, aber sie müssen mich nicht kontrollieren oder meine Zukunft bestimmen. Ist es nun leicht, die Kontrolle über meine Gegenwart zurückzufordern oder

Veränderungen zuzulassen, wenn meine Situation von der Vergangenheit oder einer Person, die ich liebe, beeinflusst wird? Ist es einfach? Nein, sicherlich nicht. Aber ist es unmöglich? Es mag schwierig sein, aber es ist nicht unmöglich, und ich kann es schaffen, wenn ich es schaffen will.

Ich kann mein Leben in meine Hände nehmen und daraus machen, was ich daraus machen möchte. Ich muss nicht beladen sein mit der Überzeugung, dass ich die Liebe und Anerkennung anderer brauche. Denken Sie einfach darüber nach. Vielleicht werde ich von einigen geliebt und von anderen nicht; vielleicht bin ich in einigen Dingen erfolgreich, aber nicht in allem, doch letztendlich: Wer bin ich? Gottes Ebenbild und Gleichnis, der Göttliche Atem.

42

Die anderen müssen sich mir gegenüber fair und freundlich verhalten – die schädliche Grundüberzeugung Nummer zwei

Die Person, auf die ich zornig bin, ist dennoch das Ebenbild und Gleichnis Gottes, Sein eigentlicher Atem. Dies, *und nicht ihr Verhalten, ist die Basis ihres Selbstwerts.*

DIE ZWEITE URSACHE VIELER UNSERER PROBLEME IST die Grundüberzeugung, dass die anderen sich mir gegenüber fair und freundlich verhalten müssen. *Die anderen müssen fair und freundlich zu mir sein; anderenfalls kann ich nichts mit ihnen anfangen und bin verärgert.* Was will ich damit sagen? So, wie Moses die Zehn Gebote hatte, habe ich meine eigenen, in Stein gemeißelten Gebote; und Gott stehe allen bei, die eines davon brechen, denn dann werde ich diese Leute richten und sie als wertlose Menschen verdammen.

Ich habe Gebote, beispielsweise wenn ich glaube, dass Eltern immer zu all ihren Kindern gut sein müssen… Gute Eltern müssen zuhause immer gute Vorbilder sein… Gute Eltern tun dies oder das oder was auch immer… Ein gutes Kind hat seine Eltern immer zu respektieren… Ein gutes Kind lügt nie… Ein guter Chef ist jederzeit fair und niemals ungerecht… Ein guter Freund ist immer da, wenn ich ihn brauche… Ein guter Freund ist stets der Freund meiner Freunde und der Feind meiner Feinde, er mag die Leute, die ich mag, und lehnt die ab, die ich ablehne.

Wann immer jemand eines meiner Gebote bricht, stufe ich seinen oder ihren Wert als Mensch herab und bin verärgert. Ich bin verärgert aufgrund meiner irrationalen Anforderungen an diese Person. Die Vorstellung, dass ein guter Freund oder Bekannter oder ein guter Ehegatte immer für mich da sein sollte, wenn ich Hilfe brauche, ist irrational, solange es sich dabei um eine Forderung oder eine Erwartung statt eines Wunsches handelt. Ebenso ist es irrational, Verhalten mit Selbstwert gleichzusetzen. Die Person, auf die ich zornig bin, ist dennoch das Ebenbild und Gleichnis Gottes, Sein eigentlicher Atem. *Dies,* und nicht ihr Verhalten, ist die Basis ihres Selbstwerts. Wir lassen dies kaum gelten, wenn wir im Zorn sind, aber zumindest können wir die Menschen als FMWs betrachten, wie ich sie nenne. Ein FMW ist ein fehlbares menschliches Wesen mit dem Recht, Fehler zu begehen – auch sehr schlimme. Wenn Sie über jemanden verärgert sind, sagen Sie dieser Person einfach, sie sei ein FMW, und lassen Sie sie ein paar Tage und vielleicht schlaflose Nächte lang herausfinden, was damit wohl gemeint sein könnte.

Ärger ist eine alberne Emotion. Denken Sie darüber nach. Für gewöhnlich haben die Leute, über die ich mich am meisten ärgere, eine tolle Zeit. Sie scheinen, vom Leben mehr und mehr beschenkt zu werden. Ich glaube zwar, dass Gott sie irgendwann bestraft, aber in ihrem Leben geht es ihnen immer besser. Dann versuche ich mir einzureden, dass Gott sie nur deshalb so sehr erhebt, damit sie später tiefer fallen werden. Doch es geschieht einfach nicht. Der Einzige, der durch meinem Ärger leidet, bin ich.

Hinzu kommt, dass ich in meinem Zorn immer lächerlicher werde. Schon beim Aufwachen denke ich an diese Person und bin zornig, und ich fühle ihre Gegenwart, wenn ich beim Frühstück sitze. Ich verlasse den Tisch, ohne aufgegessen zu haben, und beeile mich, zur Arbeit zu kommen, aber die Gegenwart dieser Person und die zornigen Gedanken über sie begleiten mich. Vielleicht übertrage ich diesen Ärger auf meine Kollegen oder sogar auf meine Freunde oder Kunden. Wenn ich mich entschließe, abends ins Kino zu gehen, sitzt die Person, die mich so verärgert, doch prompt neben mir, und den halben Film lang verpasse ich die Geschichte. Und dann schleppe ich diese Person natürlich auch wieder mit nach Hause, wälze mich die ganze Nacht hin und her und fühle ihre Anwesenheit selbst in meinem eigenen Bett. Sehen Sie, wie lächerlich Ärger ist?

Und vielleicht, möglicherweise, ist jene Sache, die mich an einem anderen Menschen am meisten erzürnt, etwas, das ich in mir selbst bisher nicht geklärt habe.

Gibt es eine Alternative zu Groll und Zorn? Erinnern wir uns daran, dass nicht die anderen für meinen Gemütszustand verantwortlich sind. Emotionen sind eine Wahl, und daher kann ich mit Hilfe der PFA-Formel (Pausieren, Fragen, Antworten) eine produktive Antwort wählen. Indem ich die Situation hinterfrage, erkenne ich, dass ich es sein werde, auf den sich meine zornigen Gefühle negativ auswirken, und so entscheide ich mich in meinem aufgeklärten Eigeninteresse (was nur ein anderes Wort für »Egoismus« ist), mich positiv zu verhalten.

Der heilige Ignatius gibt uns in den *Geistlichen Übungen* ein Modell für positives Verhalten. Der erste Schritt besteht darin, eine gute Interpretation dafür zu finden, was die andere Person sagt oder tut. Es mag helfen, deren verletzendes Benehmen als Folge von Unwissen oder unbewusstem Schmerz zu begreifen. Falls ich glaube, dass ihr Verhalten absichtlicher ist, ermutigt mich der heilige Ignatius, den zweiten Schritt zu tun und diese Absichtlichkeit mit der anderen Person zu besprechen. Es gibt drei Möglichkeiten, dies zu tun: Ich kann die Person fragen, was sie wirklich ausdrücken will mit dem, was sie äußert oder macht; oder ich kann ihr sagen, wie ich mich fühle, wenn sie etwas scheinbar Verletzendes sagt oder tut; oder ich kann der Person erklären, was ich mir von ihr wünsche.

Falls das alles nicht zu fruchten scheint, schlägt der heilige Ignatius den dritten Schritt vor, der darin besteht, das Verhalten der Person mit Freundlichkeit und Liebe zu korrigieren – nämlich jedes angemessene Mittel anzuwenden, der anderen Person, ihrem Leben und ihrem Wohlbefinden, zu helfen, indem ich etwas Konstruktives aus ihrem negativen Benehmen mache. Mit anderen Worten: Ich nehme ihre Zitronen und mache daraus Zitronenlimonade. Ich liebe diese Person und liebe sie und liebe sie. Manchmal – und zwar häufiger als man denkt – wird diese Liebe die Person dazu animieren, ihre Verhaltensweise zu ändern. Aber ich weiß, dass nicht jeder sich verändern wird; dies ist irrational und die Ursache dafür, dass die Grundüberzeugung, alle Menschen müssten sich mir gegenüber fair und freundlich verhalten, so gefährlich ist. Hier kommt die Freiheit mit ins Spiel: Auch wenn die Person sich nicht ändert, bleibe ich, indem ich positiv antworte, ein freier und liebender – kein verärgerter und zürnender – Mensch.

Positives Verhalten lässt eine Tür für Verständigung offen, bietet eine Alternative zum Zorn und hilft vielleicht auch dabei, Freundschaften zu erhalten oder sogar neue zu entwickeln.

43
Das Leben muss mir die Dinge leicht machen – die schädliche Grundüberzeugung Nummer drei

LASSEN SIE UNS EINE WEITERE SCHÄDLICHE MEINUNG untersuchen: *Das Leben muss mir die Dinge leicht machen; anderenfalls ist es nicht lebenswert, und ich fühle mich betrogen oder niedergeschlagen.* Nun stelle ich sogar Forderungen an das Leben. Es soll nicht regnen. Es soll nicht schneien. Es soll nicht zu heiß werden. Es soll nicht zu kalt werden. Die Züge sollen pünktlich sein. Es soll sich ja kein Unfall auf der Autobahn ereignen, sodass ich zu spät zur Arbeit komme. Wenn meine Forderungen nicht erfüllt werden, habe ich das Gefühl, dass das Leben nicht lebenswert ist. Ich fühle mich betrogen und bin bedrückt. Krankheit, Tod – es gibt viele Dinge im Leben, die weder leicht noch nett sind. Das Leben ist nicht fair. Aber dennoch halte ich an der Überzeugung fest, dass mir das Leben die Dinge leicht machen muss.

Swami Chimmayananda flog einmal von Bombay nach Delhi für einen geplanten Auftritt. Als sich das Flugzeug Delhi näherte, meldete sich der Pilot über Funk und erklärte, er sei angewiesen worden, über der Stadt zu kreisen: Wegen Nebel und Smog war die Sicht dermaßen schlecht, dass das Bordpersonal auf weitere Anweisungen warten musste. Nach zehnminütigem Kreisen in der Luft wurde das Flugzeug zurück nach Bombay geschickt. In der Flughafenlounge zeterten die zurückgebrachten Passagiere über Indien Airlines. Sie verglichen die Fluggesellschaft mit ausländischen Unternehmen und machten die indische Regierung für alle Probleme des Landes verantwortlich.

Derweil hatte der Swami einen bequemen Sitzplatz gefunden und las zufrieden einige Notizen, die ihm einer seiner Anhänger gesandt hatte. Jemand trat zu ihm und fragte, ob er sich denn gar nicht darüber aufrege, hier in Bombay sitzen zu müssen, wo sie doch eigentlich im Flieger Richtung Delhi sein sollten. Der Swami lächelte und sagte, dass Indian Airlines ihn zum ersten Mal nach Delhi und zurück zum Preis von einem Hinflug-Ticket transportiert hätte. Er war sehr zufrieden. Der Swami hatte erkannt, dass es vollkommen sinnlos war, sich aufzuregen, da man nichts an der Wetterlage ändern konnte. Wenn man jetzt das nächste Flugzeug nähme, würde es in genau dieselben Wetterbedingungen hineinfliegen und ebenfalls nicht landen können.

Die Frage ist doch die: Wenn das Flugzeug an diesem Tag nicht in Delhi landen konnte, sollte der Swami die Leute bemitleiden, die die Mühe auf sich genommen hatten, zum Auftrittsort zu reisen, um ihm zuzuhören, und dann, nachdem sie ein paar fromme Lieder gesungen hätten, enttäuscht nach Hause gehen würden? Ein kleines bisschen, ja. Wenn ein Geschäftsmann in dem Flugzeug gesessen und eine Million Dollar dadurch verloren hätte, dass er an diesem Tag nicht in Delhi landen konnte, sollte er enttäuscht sein? Ein kleines bisschen, ja. Wenn eine Ärztin an Bord gewesen wäre und einer ihrer Patienten hätte sterben müssen, weil sie an diesem Tag nicht in Delhi ankam, sollte sie niedergeschlagen sein? Ein kleines bisschen, ja. Aber die Hände über dem Kopf zusammenschlagen und zu dem Schluss kommen, das Leben sei nicht lebenswert, nur weil die Dinge nicht nach unserem Plan laufen, ist eine kleingeistige Antwort aufs Leben.

Wir können immer wieder versuchen zu kontrollieren, was geschieht; doch einige Dinge liegen einfach jenseits unseres Einflussbereichs. Die folgende Geschichte, die Anthony de Mello erzählte, veranschaulicht dies gut.

Es geschah einmal, dass ein Alligator sich in einem Netz am Seeufer verfing. Ein kleiner Junge kam vorbei und der

Alligator rief ihm zu:» Würdest du bitte mein Leben retten und mich aus diesem Netz rausholen?« Zögernd schaute der Junge den Alligator an, und der Alligator sagte: »Weißt du, ich sehe zwar furchteinflößend aus, aber ich bin eine Mama, und wenn ich sterbe, müssen meine kleinen Babys auch sterben, also bitte, rette mein Leben.« Einen Moment lang dachte der kleine Junge an die Babys und entschied dann, den Alligator zu retten. Als er ihn halb befreit hatte, packte der Alligator mit seinen großen Zähnen den Jungen. Dieser erschrak und fing an zu weinen: »Was tust du denn?« Der Alligator antwortete: »Ich muss jetzt meine Babys füttern.« Der Junge sagte: »Deine Babys füttern?! Ich habe dir das Leben gerettet, und das tust du mir dafür an?« Der Alligator entgegnete: »Tut mir leid, Kleiner, aber das ist das Gesetz des Lebens.« Der Junge schrie: »Das Gesetz des Lebens? Das ist mein Fuß!« Worauf der Alligator erwiderte: »Du kannst fragen, wen du willst.«

Nun saß da ein kleiner Vogel auf dem Baum, der beobachtet hatte, wie sich die ganze Sache zutrug, und die beiden fragten ihn um seine Meinung. Er antwortete: »Vor zwei Jahren hatte ich drei kleine Babys im Nest und als ich mit Futter für meine Kleinen zurück zum Nest kam, kroch eine Schlange den Baum herauf, ins Nest hinein und fraß die Babys vor meinen Augen, während ich weinte und die Schlange anschrie. Der Alligator hat recht; es ist das Gesetz des Lebens.«

Der Junge schaute zum Alligator und sagte: »Gib mir noch eine Chance.« Der Alligator antwortete: »Na gut.« Nun befragten sie einen Esel, der vorbeilief, und der Esel erzählte: »Wisst ihr, als ich jung war, schlug mich mein Herr und ließ mich furchtbar viel arbeiten, misshandelte mich und gab mir nicht genug zu essen. Und nun, da ich alt bin, hat er mich hier im Dschungel ausgesetzt, und eines Tages wird ein wildes Tier kommen und mich fressen. Der Alligator hat recht; es ist das Gesetz des Lebens.«

Der Junge konnte es nicht fassen und bettelte: »Eine allerletzte Chance – bitte.« Und der Alligator gab nach: »Okay.« Zum Glück für den Jungen kam ein Hase vorbeigehoppelt, der in seinem früheren Leben wahrscheinlich ein Jesuit gewesen war. Also fragten sie den Hasen, der einen Moment lang innehielt und dann sagte: »Nun, lasst uns über das Gesetz des Lebens sprechen.« Der Alligator willigte zögernd ein. Der Hase sagte zu ihm: »Aber zunächst einmal musst du den Jungen aus deinen Zähnen lassen, damit er am Gespräch teilnehmen kann. Wie soll er mitmachen, wenn er in deinem Maul steckt?« Der Alligator sah den Hasen an, der insistierte: »Nun komm schon – schau dir deine Größe an und die des Jungen.« Der Alligator entließ den Jungen aus seinem Maul. Plötzlich schrie der Hase: »Lauf!«, und der Junge rannte und rannte, bis er beim Hasen in der Mitte des Waldes angekommen war. Nachdem er sich beim Hasen dafür bedankt hatte, dass er ihm das Leben gerettet hatte, setzte sich der Junge einen Moment lang, um wieder zu Atem zu kommen. Dann fragte der Hase den Jungen: »Deine Leute essen doch immer noch Alligatoren, nicht wahr? Dieser da ist nämlich noch halb im Netz gefangen, du hast ihn nicht vollständig befreit. Warum läufst du nicht in dein Dorf und erzählst es ihnen, bevor der Alligator ganz aus dem Netz raus ist?«

Das tat der Junge. Er erzählte es den Dorfbewohnern, und an diesem Abend gab es ein großes Alligatorenessen. Der Junge und der Hase feierten zusammen, und der Junge war überaus dankbar, dass der Hase ihm das Leben gerettet hatte. Dann kam der Hund des Jungen auf die beiden zu, sah den Hasen und jagte hinter ihm her. Der Junge hastete dem Hund hinterher und schrie, er solle bei Fuß kommen, aber es war schon zu spät. Der Hund fing den Hasen, brach ihm das Genick und tötete ihn. Und was sagte der Junge? »Nun, ich vermute, der Alligator hatte recht: Es ist das Gesetz des Lebens.«

Viele Dinge im Leben liegen außerhalb unserer Kontrolle. Wir können wenig ausrichten gegen Wetter, Naturkatastrophen und Krankheiten und viele andere Sachen, die uns im Leben zustoßen. Oftmals deuten wir diese Dinge als Härtefälle, als unfaire Situationen. Aber wir haben die Macht zu entscheiden, wie wir auf Situationen antworten wollen, die außerhalb unserer Kontrolle liegen. Eine wirkungsvolle Antwort ist das Gelassenheitsgebet: »Gott, gib mir die Gelassenheit, Dinge hinzunehmen, die ich nicht ändern kann, den Mut, Dinge zu ändern, die ich ändern kann, und die Weisheit, das Eine vom Anderen zu unterscheiden.« Wir können aber auch, auf dem Weg des Ostens, nach der Göttlichen Präsenz im Unerwarteten suchen. Zu Beginn der Bibel wird uns erzählt, dass im Anfang in der ganzen Welt Chaos und Durcheinander herrschte, dass Gott über all dem schwebte und dass Er aus diesem Chaos eine neue und wunderschöne Schöpfung hervorbrachte. Wann immer mein Leben im Chaos ist und ich es schwer finde nachzuvollziehen, was gerade geschieht, erlaube ich mir, dass der Göttliche Geist über meiner Dunkelheit schwebt, und gestatte es mir, darauf zu warten, dass das Neue und Schöne in meinem Leben Früchte trägt. Chaos ist oftmals der kürzeste Weg zu unserem spirituellen Kern.

44

Der Mann und die Raupe

Veränderung ist kein Wunder. Veränderung geschieht nicht einfach. Wir müssen sie geschehen lassen.

DIES IST EINE GESCHICHTE ÜBER VERÄNDERUNG, DIE mir vor einigen Jahren einer meiner Studenten erzählte. Später erfuhr ich, dass sie aus dem wunderbaren Roman *Alexis Sorbas* von Nikos Kazantzakis stammt.

Ein Mann fand Gefallen an einer Raupe und ging jeden Morgen hinaus, sie anzuschauen. Jede freie Minute verbrachte er damit, diese Raupe einfach zu betrachten. Eines Tages bildete sie einen Kokon, und der Mann konnte es kaum erwarten, dass sie sich in einen Schmetterling verwandeln würde. Er schaute und schaute und wurde allmählich etwas ungeduldig. Nach einigen Morgen bewegte sich etwas in dem Kokon, und der Mann wusste, dass die Raupe sich nun bald in einen Schmetterling verwandeln würde. Er sah, wie der kleine Kopf sich aus dem Kokon hervorwühlte und wie wunderschön er war. Doch die Raupe kämpfte mit ihrem Kokon, und der Mann war voller Mitgefühl. Er wollte der Raupe helfen, die ja ein Schmetterling werden würde, und so zerriss er den Kokon und der Schmetterling fiel zu Boden, unfähig zu fliegen. Ein Teil des Prozesses, indem die Raupe zum Schmetterling wird, besteht im Üben mit den Flügeln innerhalb des Kokons. Das lässt die Flügel stark genug werden, damit der Schmetterling fliegen kann.

Veränderung ist kein Wunder. Veränderung geschieht nicht einfach. Wir müssen sie geschehen lassen. Wir müssen daran arbeiten – nicht immer ist es schwierig. Manchmal ist es sogar so leicht, dass wir es nicht für möglich halten; wir glauben nicht, dass wir uns verändern können. Vom Buddha wird erzählt, er habe gesagt, Veränderung sei genauso einfach wie das Wenden einer Münze von einer Seite zur anderen. Ich glaube, wenn man sich verändern will, wird man sich verändern.

Vielleicht sind Sie etwas skeptisch und fühlen sich wie die Frau und Mutter, die einen Wochenend-Workshop besuchte und ihrer Familie nach ihrer Rückkehr zuhause mitteilte: »Ich hatte ein großartiges Wochenende. Ich hatte bahnbrechende Erlebnisse. Ich habe all diese wunderbaren Einblicke erhalten.« Dann blickte sie auf ihre Familie und sagte: »Aber wozu? Keiner von euch hat sich verändert.«

Wenn Sie wirklich Veränderung erfahren, vertrauen Sie darauf, dass Ihre Familie sich auf Sie zu verändern wird; und wenn Sie die Veränderung wirklich verkörpern, wird sich die Welt mit Ihnen verändern.

45
Gott greift nicht ein

Gott wird für Sie und mich nicht tun,
was wir selbst erledigen können.

ES GIBT VIELE EREIGNISSE IN UNSEREM LEBEN, DIE SICH unserer Kontrolle entziehen, so wie Krankheit, Leid, Alter und Tod. Es gibt eine Menge Dinge, die in unserem Leben geschehen, in die Gott nicht eingreift. Gott hat uns eine gewisse Freiheit gegeben. Gott hat uns den freien Willen gegeben. Er wird sich nicht in unser Leben einmischen. Das ist Teil des Gesetzes des Lebens. Wir können dafür beten, dass Gott uns die Stärke gibt, dem gewachsen zu sein, was geschieht, aber meistens ändert sich unsere Situation deswegen nicht. Es gibt ein Gesetz des Lebens, und dieses ist Teil des Mysteriums des Leidens.

Welche Bedeutung liegt darin? Welche Bedeutung hat der Tod? Was ist der Sinn des Leidens? Was ist die Bedeutung von Schmerz? Was ist der Sinn des Lebens? Wir wissen, dass eine Möglichkeit, Bedeutung zu finden, darin liegt zu sagen, diese Dinge geschähen gemäß Gottes Willen und dies alles sei Teil von Gottes Plan. Eine andere Möglichkeit ist, sich einfach einzugestehen, dass es Leben und Tod gibt und dass Leid ein Teil all dessen ist. Schmerz ist ein Teil des Lebens, und wir müssen lernen, die Bedeutung von Schmerz zu entdecken, und uns durch ihn hindurcharbeiten. Wir können nicht am Schmerz vorbei, wir müssen uns durcharbeiten. Wir müssen uns durch ihn hindurcharbeiten und diesen Schmerz für uns arbeiten lassen. Auch dies ist Freiheit. Die Buddhisten glauben, dass Schmerz, dem man sich nicht widersetzt, reinigt und erleuchtet, und Schmerz, dem man

Widerstand leistet, zu Leid wird. Schmerz klärt uns über die wahre Bedeutung des Lebens auf.

Kennen Sie die berühmte Geschichte des Jungen, der sich ein neues Fahrrad kaufte und damit losfuhr, sich anzusehen, wie die *Titanic* auf ihrer Jungfernfahrt den Hafen verließ? Er war wegen des Ozeanriesen so aufgeregt und derart in die Festlichkeiten vertieft, dass er sein neues Fahrrad prompt vergaß und, so wie er es sonst immer tat, mit dem Bus zurückfuhr. Als er zuhause ankam, realisierte er, dass er sein Fahrrad vergessen hatte. Er dachte: »Mittlerweile hat es bestimmt jemand gestohlen.« Er fuhr mit einem Taxi zurück zum Hafen, und dort stand sein Fahrrad ganz allein im Fahrradständer. Also begann er Gott dafür zu danken und Ihn zu loben, dass Er auf das Fahrrad aufgepasst hatte. Auf seinem Heimweg kam er an einer Kirche vorbei und ging hinein, um Gott persönlich Danke zu sagen. Als er wieder aus der Kirche kam, war das Fahrrad verschwunden.

Gott ist nicht Ihr Aufpasser. Gott ist nicht Ihr Sicherheitsbeamter. Wenn Sie Gott vertrauen, schließen Sie Ihr Fahrrad ab. Wenn Sie Gott vertrauen, verschließen Sie Ihr Haus. Gott wird für Sie und mich nicht tun, was wir selbst erledigen können.

Denken Sie über die vorletzte Geschichte vom Mann und der Raupe nach. Der Mann versuchte, der Raupe, die dabei war, ein Schmetterling zu werden, aus dem Kokon herauszuhelfen; aber er störte den Transformationsprozess. Aus Freude am Schmetterling bedauerte der Mann dessen Kampf und griff ein. Am Ende fiel der Schmetterling auf den Boden und konnte nicht fliegen. Wenn ein Mensch – oder auch Gott – den Weg stört, auf dem das Leben sich für uns entfaltet, den Prozess, den wir durchmachen müssen, bevor wir bereit sind, Hilfe zu akzeptieren, dann werden wir die Veränderung, die in diesem Prozess liegt, möglicherweise nicht richtig abschließen. Oder es wird zumindest viel länger dauern. Gott wird für Sie und mich keine Dinge tun, die wir selbst erledigen können; und die meiste Zeit wird Gott nicht intervenieren. Gott greift nicht ein.

46

Wann werden Sie sterben?

Wann werden Sie sterben, und wie sehr werden Ihre Wahrnehmung und Erfahrung Gottes den Augenblick Ihres Todes beeinflussen?

WANN WERDEN SIE STERBEN? HABEN SIE SICH SCHON entschieden? Eine seltsame Frage, nicht wahr? Kann man seinen Tod planen? Hat Gott bereits entschieden, wann wir sterben werden? Ich kenne die Antwort auf diese Fragen nicht, aber ich sehe eine Menge Dinge, die mich verwundern.

Ich war an der Seite von Menschen, die in Krankenhäusern und in Pflegeheimen starben, und ich habe mich um die Angehörigen der Sterbenden gekümmert. Ich habe gesehen, wie Menschen viel länger lebten, als es irgendjemand erwartet hatte, wodurch es ihren Lieben ermöglicht wurde, an der Seite der Sterbenden zu verweilen und diese letzten kostbaren Momente mit ihnen zu verbringen. Wir alle haben wahrscheinlich schon solche Geschichten gehört. Der Arzt informiert die Verwandten, dass ein Mensch nur noch wenige Tage zu leben hat. Andere nahestehende Personen werden davon in Kenntnis gesetzt, und sie alle eilen ans Sterbebett. Doch nach einem Monat lebt dieser Mensch noch immer. Dann realisiert die Familie, dass noch jemand fehlt, und so wird diese Person gebeten zu kommen, die Zeit dafür reiche noch aus. Sie trifft am Bett des Menschen ein, der seit Wochen im Sterben liegt, und kurz danach lässt er los und stirbt.

Ich erinnere mich an eine Frau, die ich besuchen kommen sollte, weil sie an Krebs litt. Sie war gerade aus der Untersuchung gekommen und der Arzt hatte ihr noch sechs Monate zu leben gegeben. Ich begegnete ihr zum ersten Mal, und eine ihrer Angehörigen stellte mich ihr vor: »Dies ist Paul aus Indien und er ist ein Jesuitenpriester.« Die Kranke schaute mich an und sagte: »Sie haben ein schönes Lächeln.« Ich antwortete: »Vielen Dank, aber wie geht es Ihnen?« Sie erwiderte: »Mir geht es gut.« Ich fragte: »Was hat der Doktor gesagt?« Sie antwortete: »Ach, die Ärzte wissen überhaupt nichts.« Zu dem Zeitpunkt war sie achtundachtzig Jahre alt. Sie erklärte mir, sie werde leben, bis sie neunzig sei – und genau das hat sie getan. Ich besuchte sie zu ihrem neunzigsten Geburtstag. Leute waren von überall her gekommen, und da saß sie nun, inmitten dieser großen Festgemeinde. Ich saß neben ihr und sagte: »Und jetzt, da Sie neunzig sind, was ist Ihr Plan?« Sie antwortete: »Nun, ich habe zwei Urenkel, die unterwegs sind, und ich möchte mich eine Weile lang an ihnen erfreuen – also werde ich noch nicht gleich sterben.«

Hatte Gott ihren Tod geplant? Nein, sie hatte einen Grund zu leben – da waren Urenkel unterwegs. Die Urenkel kamen zur Welt, und die Frau wurde zweiundneunzig, dreiundneunzig und sogar vierundneunzig und war noch immer gut in Schuss. Dann erkrankte eine ihrer Töchter an Krebs und lag im Sterben. Die Mutter ermahnte ihre Tochter, sie dürfe nicht vor ihr sterben. Die alte Frau fiel ins Koma und wurde ins Krankenhaus gebracht. Doch sie starb noch immer nicht. Warum nicht? Einer ihrer Söhne aus Kalifornien war auf dem Weg zu ihr. Als er eintraf, sprach er ein paar Gebete, und als er sie beendet hatte, starb sie.

Hatte Gott hier Seine Finger im Spiel? Es ist eine Frage, die es wert ist, gestellt zu werden. Ich habe keine Antwort darauf, aber ich will ernsthaft darüber nachdenken. Wie viele Menschen kennen Sie oder von wie vielen haben Sie gehört, die genau dann starben, als sie sterben wollten. Eine Freundin von mir, eine Schulleiterin aus Bombay, entschied sich, nicht zu heiraten, damit sie sich stattdessen um ihre Mutter kümmern konnte. Sie hatte eine sehr enge Beziehung zu ihrer Mutter, und als diese ins Krankenhaus gebracht werden musste, war meine Freundin Tag und Nacht dort bei ihr, um sie zu pflegen. Nur für einen Moment verließ sie das Krankenhaus, weil sie etwas Dringendes zu erledigen hatte, und als sie zurückkam, war ihre Mutter tot. Sie fühlte sich schuldig, weil sie nicht dagewesen war, als ihre Mutter starb. Ich versuchte, ihr zu erklären, dass es meiner Erfahrung nach häufig auf diese Weise geschieht: Ein Mensch will nicht in Anwesenheit seiner Lieben sterben. Gehen Sie nur für fünf Minuten hinaus, und er hat die Freiheit, loszulassen. Es ist nichts, dessen man sich schuldig fühlen sollte. In Tat und Wahrheit möchte der Sterbende Ihnen den Schmerz ersparen.

Und dies ist eine andere wahre Geschichte, über einen Jesuitenpriester aus Bombay. Er hatte Krebs und ging ins Krankenhaus. Als man ihn entließ, sagte er der zuständigen Person in der Verwaltung, einer Nonne, dass er das nächste Mal ins Krankenhaus kommen werde, um zu sterben. Sie sagte: »Vater, gehen Sie nach Hause und nehmen Sie Ihre Medikamente. Passen Sie auf sich auf und beten Sie für mich, und ich werde für Sie beten. Nun können Sie gehen.« Sechs Monate später kam er zurück mit einem Aktenkoffer und einer Soutane und sagte: »Können Sie sich daran erinnern, was ich Ihnen damals gesagt habe? Ich bin gekommen, um zu sterben.« Der Arzt untersuchte ihn und sagte, der Jesuit müsse nicht im Krankenhaus bleiben. Doch die Nonne sagte: »Nehmen Sie ihn auf.« Sie sprach mit dem Priester, und er sagte ihr: »Heute Nacht werde ich nicht sterben.« Sie instruierte die anderen Krankenschwestern, man solle sie rufen, falls der Priester beginnen würde zu sterben, denn sie wolle an seiner Seite sein. Am nächsten Morgen wachte er auf. Er duschte, zog seine Soutane an, legte seinen Aktenkoffer bereit, klingelte nach der Krankenschwester und bat sie, das Bett herunterzuklappen, da er nun bereit sei zu sterben. Die Krankenschwester rief: »Warten Sie!« Sie rannte davon, um die Nonne zu rufen, doch als diese sein Bett erreichte, war der Priester bereits gestorben. War hier Gottes Hand im Spiel? Vielleicht, aber dieser Jesuit hatte definitiv entschieden, wann er sterben würde.

Manche spötteln über Anthony de Mello, der im Alter von sechsundfünfzig Jahren an einem schweren Herzinfarkt starb, er habe zwar andere gelehrt, wie man sich entspannt, habe sich selbst aber nicht entspannen können. Tatsächlich jedoch hatte Anthony de Mello ein Jahr vor seinem Tod einem Freund geschrieben, dass er nun getan habe, wozu er in seinem Leben bestimmt gewesen sei, und jetzt sei es für ihn an der Zeit weiterzugehen.

Und dann ist da auch meine Mutter. Sie war dem heiligen Antonius von Padua sehr ergeben, für den die Zahl Dreizehn eine große Bedeutung hatte. Meine Mutter wurde an seinem Namenstag, dem 13. Juni, geboren, und sie starb – nach einer Woche, in der sie bewusstlos war – am 13. November. Mein Vater seinerseits hatte mir Jahre im Voraus gesagt, dass er im Alter von sechsundachtzig Jahren sterben wolle, und das tat er.

Wann werden Sie sterben, und wie sehr werden Ihre Wahrnehmung und Erfahrung Gottes den Augenblick Ihres Todes beeinflussen? Ihre Antwort wird gewiss eine Auswirkung darauf haben, wie Sie jetzt leben; also ist es etwas, worüber Sie sich befragen und nachdenken sollten.

47
Der Atem Gottes

Das Göttliche kann in jedem Alter aufs Tiefste erfahren werden; wir müssen uns nur erlauben, dass unsere Augen sehen und unsere Ohren hören.

VOR EINIGEN SOMMERN ZELEBRIERTE ICH IN SHREVEport, Louisiana, eine Sonntagmorgenmesse. Während ein ehemaliger Baptistenpastor predigte, fesselte mich der Gedanke an den Atem Gottes. Für den Rest der Abendmahlsfeier war ich beschäftigt, darüber nachzudenken, wie der Atem Gottes wohl beschaffen sei und was es für mich bedeutete, der Atem Gottes zu sein.

Als ich nach der Messe die Sakristei betrat, tapste ein vierjähriger Junge hinter mir her und piepste: »Hi!« Ich war gerade dabei, das Kind zu begrüßen, als seine Mutter dazukam. Sie erzählte mir, was der kleine Neil an diesem Morgen in der Messe gebetet hatte: »Jesus, bitte mach meine Mama und meinen Papa zu guten Menschen. Sie sind nämlich ganz doof!« Ich fragte Neil, ob das wahr sei, und er nickte heftig mit seinem kleinen Kopf. Ich bat ihn, auch für mich zu beten, wenn er nächstes Mal für seine Eltern das Gebet spreche, und er fragte mich: »Vater Paul, wofür hast du gebetet?« Ich wusste, wofür ich gebetet hatte: den Atem Gottes. Aber wie sollte ich dem kleinen Neil erklären, was mein Gebet gewesen war? Wie sollte er es verstehen? Also sagte ich zögerlich: »Ich habe darum gebetet, Gott so sehen zu dürfen, wie Er ist.« Und Neil antwortete: »Das ist alles, wofür du gebetet hast?« Ich fuhr fort: »Weißt du, Neil, wenn du das Angesicht Gottes siehst, musst du für nichts anderes mehr beten.«

Damit zog Neil davon, um sich ein paar Kekse zu holen, während ich mit Neils wunderbaren Eltern weiterplauderte.

Am darauffolgenden Abend kam Neils Mutter an einem Fest auf mich zu. Sie hatte es kaum abwarten können, mir zu erzählen, was an diesem Morgen geschehen war. Während des Frühstücks war Neil von seinem Kinderstuhl aufgestanden und zu seiner Mutter auf den Schoß gekrabbelt, hatte ihr Gesicht in seine kleinen Hände genommen, ihr tief in die Augen geschaut und gesagt: »Mama, ich kann Gott in dir sehen, und Er ist ein Mädchen.«

Der kleine Neil hatte es kapiert. Er wusste instinktiv, worum es beim Atem Gottes geht. Das Göttliche kann in jedem Alter aufs Tiefste erfahren werden; wir müssen uns nur erlauben, dass unsere Augen sehen und unsere Ohren hören. Wie Jesus betete: »Ich preise Dich, Vater und Herr des Himmels und der Erde, dass Du Solches den Weisen und Klugen verborgen und es den Unmündigen offenbart hast« (Matthäus 11.25).

48

Rennen Sie dem Vergnügen hinterher oder laufen Sie um Ihr Leben?

Ist Gott in Ihrem Leben das Lenkrad oder bloß ein Ersatzrad?

ICH HÖRTE EINMAL DIE FOLGENDE FABEL ÜBER EINEN Hund, der sich einen Spaß daraus machte, anderen Tieren hinterherzurennen. Oft prahlte er mit seiner großen Geschwindigkeit. Er behauptete, er könne alles fangen, wonach er jage. Aber eines Tages wurde seine prahlerische Behauptung von einem vorbeihoppelnden Hasen auf die Probe gestellt. Der Hund jagte dem Hasen nach und versuchte, ihn zu fangen, einfach um sich zu beweisen. Doch der Hase war schneller, und all die anderen Tiere lachten über den angeberischen Hund. Der Kern der Geschichte ist dieser: Der Hund rannte aus Spaß, aber der Hase lief um sein Leben.

Wir fragen uns, ob wir in unserem Leben jeden Moment so vollständig wie nur irgend möglich leben oder ob wir nur durch eine bedeutungslose Existenz treiben. Wir müssen uns diese Frage stellen – und zwar häufig. Der heilige Paulus ist ein gutes Beispiel dafür. Nach seinem Erlebnis auf der Straße nach Damaskus wollte er seine Zeit nicht mehr damit verschwenden, auf die Vergangenheit zu schauen, sondern strebte vorwärts zur himmlischen Berufung Gottes in Christus Jesus und im ständigen Vertiefen seiner Beziehung mit dem Göttlichen (Philipperbrief 3.13–14). Er erklärte: »Ich lebe aber; doch nicht ich, sondern Christus lebt in mir« (Galater 2.20).

Der heilige Ignatius sagte, Gott sehne Sich danach, uns zu zeigen, wer wir wirklich sind. Ist Gott in Ihrem Leben also das Lenkrad oder bloß ein Ersatzrad? Laufen Sie irgendwelchen Abenteuern hinterher oder laufen Sie um Ihr Leben? Wie sehr sehnen Sie sich nach Einheit und Gemeinschaft mit Gott? Alles, was Sie brauchen, ist der Wille, das Göttliche zu erfahren. Glauben Sie das?

Ich hoffe, du schaffst es, Kleine/r

ES WAR AN DEN OLYMPISCHEN SOMMERSPIELEN IM JAHR 1984. Die Medien berichteten viel über die großen Sportler, doch im Zentrum des Interesses stand damals Carl Lewis, von dem man erwartete, er werde den seit sechzehn Jahren von Bob Beamon gehaltenen Rekord im Weitsprung brechen. In einem der Werbespots, die während der Spiele liefen, sagte Beamon: »Damals während der Olympischen Spiele 1968 schaffte ich den Weltrekord im Weitsprung. Zu jener Zeit sagten einige Leute, dass niemand jemals wieder so weit springen werde. Nun, im Laufe der Jahre habe ich es genossen, vor meinem Fernsehgerät zu sitzen und dabei zuzuschauen, wie sie sich abmühten. Aber jetzt gibt es da einen neuen Kleinen, so wurde mir erzählt, der vielleicht eine Chance hat, meinen Rekord zu brechen. Nun, es gibt nur Eines, was ich dazu sagen will.« Die Leute lehnten sich zurück und erwarteten, nun eine weiteren prahlerischen Spruch zu hören. Aber Beamons Gesicht hellte sich auf und er sagte: »Ich hoffe, du schaffst es, Kleiner!«

Ich hoffe, du schaffst es, Kleine/r.

Das hoffe ich wirklich.

Ich hoffe, Sie werden gesegnet mit einem immer größeren Gott und einer immer tieferen Reise in das Göttliche Leben. Ich hoffe, Sie fragen und reflektieren, hören und erkunden, vertrauen und lieben. Ich hoffe, Sie *leben.* Während wir fortfahren, das Göttliche immer vollständiger erfahren zu wollen, verabschiede ich mich nun mit einer letzten Sache. Versuchen Sie, dies in ihre persönlichen Überlegungen einzubeziehen:

Jesus sagte, dass wir, wenn wir glauben, dieselben Dinge tun können, die er getan hat. Tatsächlich versicherte uns Jesus sogar, dass wir, wenn wir glauben, noch Größeres vollbringen können als er.

Abundant Blessings!

Segen im Überfluss!

Danksagung

DIESES BUCH HÄTTE NICHT GESCHRIEBEN WERDEN können, ohne die Anstrengungen der vielen engagierten Menschen, die an mich geglaubt haben. Mein besonderer Dank gilt Marilyn Hebenstreit, die viele meiner Seminare und Lehrgänge aufzeichnete; Marilyn Woods und Agnes Murphy, die diese Aufzeichnungen transkribierten; Gen Eiler, der sich um die Aufbewahrung aller Originale kümmerte; und Mary Kay Bonness, die mir dabei half, die Mitschriften in redigierte Form zu bringen.

Ich möchte mich auch bei meinem Verlag Loyola Press und allen Mitarbeiterinnen und Mitarbeitern bedanken, insbesondere beim Verlagsleiter Terry Locke und dem Belegschaftstheologen Jim Campbell. Die beiden waren die Ersten die Potenzial in mir sahen, nachdem sie im Jahr 2002 meine Seminare am Kongress für Ignatianische Spiritualität besucht und drei Jahre später an demselben Anlass mein Grundsatzreferat gehört hatten. Danke auch an Heidi Toboni, meine Lektorin, die mir in der Entwicklungsphase dabei half, dieses Buch in Form zu bringen und ins Sein zu geleiten. Mein Dank geht ebenso an Heidi Hill, meine begabte Korrektorin, an Judine O'Shea, die den Umschlag und die Innengestaltung der amerikanischen Erstausgabe arrangierte, sowie an Michelle Halm, meiner engagierten Marketing- und Werbefachfrau. Besonderer Dank gebührt dem Cheflektor Joe Durepos, der an mein Talent glaubte, mich mit Entschlossenheit als Autor zu Loyola Press brachte und Stunden um Stunden damit verbrachte, meine Schriften durchzulesen und meine aufgezeichneten Vorträge anzuhören, um die bestmögliche Publikationsform zu finden.

Außer den Genannten gibt es einfach zu viele Menschen, denen ich dankbar bin, als dass ich sie hier alle namentlich nennen könnte. Ihr alle bedeutet mir viel und seid in meinem Herzen. Aber meinen Geschwistern darf ich nicht vergessen zu danken: Flory, Dora und Savio, für ihre beständige Unterstützung und Ermutigung, sowie meinem Neffen Kenric, der mich durch sein eigenes Beispiel gelehrt hat, wie man als Christ lebt und ein mystisches Leben führt. Und Lisbert D'Souza, meinem jesuitischen Oberen und Freund, der mich beständig dazu anspornt, meine Gedanken mit dem Rest der Welt zu teilen. Und Elizabeth Ingenthron, die mich bei der Feinabstimmung und beim Finden meiner Stimme hinter den Worten die ganze Zeit eng begleitete.

Zu guter Letzt möchte ich an alle meine hinduistischen und buddhistischen mystischen Freunde erinnern, die lange genug mit mir zusammen waren, um mich herauszufordern, mein spirituelles Leben zu vertiefen und die tiefstmögliche Erfahrung des Göttlichen zu suchen. Aber vor allem ist dieses Buch ein Ausdruck meiner Reise mit dem heiligen Ignatius von Loyola und meiner Beziehung zur Person, zum Leben und zur Lehre Jesu Christi.

Über den Autor

Paul Coutinho, SJ, ist ein jesuitischer Priester, international bekannter Gelehrter und Referent, der westliche Spiritualität und Psychologie mit östlichen Einsichten bereichert. Er leitet regelmäßig Seminare und Klausuren, die sich der unermüdlichen Suche des Herzens nach dem Göttlichen widmen wie auch dem Verlangen, das Leben in seiner ganzen Fülle zu erfahren. Er studierte Psychologie und promovierte zum Doktor der Historischen Theologie an der Saint Louis University in den Vereinigten Staaten. Paul Coutinho ist Autor verschiedener Bücher, darunter *How Big Is Your God?* sowie *Sacred Darkness* und *Just as You Are.*

WEITERE TITEL IM CHALICE VERLAG

Das Johannesevangelium ist einer der bekanntesten und schwierigsten Texte des Neuen Testaments und hat mit seiner poetischen Schönheit und tiefen Spiritualität schon sehr viele Interpreten beschäftigt. Von besonderer Kraft und klarer Vision ist die Deutung von Johannes Scotus Eriugena, des irischen Weisen aus dem 9. Jahrhundert. Seine *Homilie* über den Prolog dieses Evangeliums, die im Mittelalter sehr einflussreich war, ist eines der frühesten Zeugnisse der keltisch-christlichen Mystik und deutet die Schrift außergewöhnlich originell und inspiriert. Auf den Schwingen des Adlers (dem traditionellen christlichen Symbol für Johannes) trägt Eriugena den Leser empor und lässt ihn den Ursprung des Universums und sein eigenes Wesen aus einer Perspektive schauen, die weit über die Welt der Erscheinungen hinausgeht. Für Eriugena ist Gott transzendent in Seinem unerschaffenen Wesen und gleichzeitig immanent in Seiner erschaffenen Natur. Diese hat sich im Anfang von Gott entfremdet und ist nun aufgefordert, zu Ihm zurückzukehren. Jesus, das Fleisch gewordene Wort, erinnert den Menschen an sein wahres Wesen und seine Bestimmung zur Rückkehr in die Einheit allen Seins.

Dieses Buch erschließt die Homilie Eriugenas in der wunderbaren Übersetzung und mit den ausführlichen Reflexionen von Christopher Bamford, dem renommierten Autor und Herausgeber auf dem Gebiet der westlichen Spiritualität.

ISBN 978-3-905272-86-4
228 Seiten

Sex ist eine der machtvollsten Kräfte in unserem Leben, und doch vermögen nur die wenigsten Menschen, ihn ganzheitlich zu betrachten. Weit über Fortpflanzung und Vergnügen hinaus kommt ihm besondere Bedeutung für die spirituelle Transformation des Menschen zu. Suchenden, denen sich zu diesem Thema schwierige Fragen stellen, bietet dieses Buch neue Denkanstöße und überraschende Blickwinkel auf eines der größten Wunder und tiefsten Rätsel der Schöpfung. In den hier zusammengestellten Auszügen aus seinen Vorträgen behandelt der Naturwissenschaftler, Philosoph und spirituelle Lehrer Bennett Themen wie den Ursprung der Sexualität, ihr Verhältnis zur Liebe, die Bedeutung des Geschlechtsakts, die komplementären Rollen von Mann, Frau und Kind, Ehe und Partnerschaft, Fortpflanzung, Elternschaft, Kreativität, »negativen Sex« sowie psychologische und gesellschaftliche Aspekte.

»Die innere Spaltung des Menschen ist die Trennung seiner geistigen und materiellen Hälften. Sie führt zur Unzufriedenheit und Suche, die seine Transformation erst ermöglichen. Die wirkliche Freude am Sex liegt weder in gedanklicher Stimulation noch in emotionaler Erregung, sondern in verbesserter Klarheit, Kraft und Stärke der Erfahrung auf allen Ebenen. Im Geschlechtsakt können wir wahrhaft wir selbst sein, und dies sollte uns in Sachen Sex sehr feinfühlig machen.«

ISBN 978-3-942914-06-2
120 Seiten

Ein Schatz tiefer Einsichten aus spiritueller Perspektive in das große Mysterium des Atems. Inspirierende Vorträge, praktische Übungsanleitungen und eine Auswahl poetischer Texte aus unterschiedlichsten Traditionen laden uns ein, den Atem als Wunder auf vielen Ebenen zu erforschen.

Was ist dieser Atem? Welche Bedeutung liegt in diesem Leben spendenden Geheimnis? Wie wichtig ist das bewusste Atmen für echte spirituelle Transformation? Was sagt uns die Tatsache, dass unser Leben all seine Möglichkeiten zwischen einem Einatmen und einem Ausatmen entfaltet? Wie hängt das alles mit dem Rhythmus des Universums und der Zeit zusammen? Welche Rolle spielt der Atem im »Werden des Seins« aus dem immerwährenden »Schoß des Augenblicks«? Wie können wir Nahrung einatmen und sie ins alchimistische Exilier destillieren, das wir für die nachhaltige Verwandlung unseres Lebens brauchen? Wie können wir ausatmen, um die Atmosphäre in einem Raum oder in einer Situation zu verändern, in Verantwortung für unsere Mitmenschen und für die »kommende Welt«? Was könnte es bedeuten, dass Jesus »auf dem Wasser wandelte« und dass »Atem und Geist eins sind«? Welches ist die esoterische Beziehung zwischen Maria, Jesus, dem Geist Gottes, *Ruh Allāh,* und Christus?

Vor dem Hintergrund seines lebenslangen Studiums der inneren Essenz der Sufi-Lehren liefert uns der Autor Gedankenanstöße und praktische Tipps zur Atemarbeit in unserem Alltag.

ISBN 978-3-942914-09-3
172 Seiten

Wie können wir auf der Suche nach Selbsterkenntnis das Einssein verwirklichen und uns der Einheit des Seins bewusst werden, wie sie insbesondere vom andalusischen Sufi Muḥyīddīn Ibn ʿArabī gelehrt wurde? Der türkische Mystiker Bülent Rauf (1911–1987), vielen Lesern bislang bekannt als die eindrückliche Figur »Hamid« aus dem autobiografischen Roman *Die letzte Schranke – Ich ging den Weg des Derwischs* von Reshad Feild, widmete Jahrzehnte seines Lebens der theoretischen Auslegung und praktischen Vermittlung dieses Wissens. Die von ihm 1975 gegründete Beshara-Schule für intensive esoterische Erziehung in Schottland haben seither Hunderte von Menschen aus aller Welt besucht, um durch gemeinsames Studium und ganzheitliche Zusammenarbeit auf diesem formlosen, nicht religionsgebundenen Erkenntnisweg voranzukommen. Seine hier erstmals auf Deutsch vorliegenden Schriften versammeln erhellende Studientexte zu Grundfragen des Sufismus ebenso wie Interviews und Artikel rund um die Themen gelebte Spiritualität und Selbstvervollkommnung. Weitere autobiografische, historische und kulinarische Texte entführen uns in Bülent Raufs Jugendjahre in Istanbul und Ägypten kurz vor dem Untergang des Osmanischen Reiches, in die Blütezeit des Sufismus in Indien sowie in die türkische Küche, deren Geheimnisse dieser weise Gelehrte, der auch ein begnadeter Koch war, kenntnisreich und unterhaltsam zu schildern versteht.

ISBN 978-3-942914-23-9
216 Seiten

WEITERE TITEL IM CHALICE VERLAG

Die Weisheit der Propheten (Fusus al-Hikam) ist eines der populärsten Werke von Muḥyīddīn Ibn 'Arabī und handelt von der einen grenzenlosen Weisheit, die gleichzeitig einzigartig in sich selbst ist und vielgestaltig in ihrer Verkörperung durch die Linie der Propheten: von »der Göttlichen Weisheit im Wort Adams« über »die Weisheit selbstverlorener Liebe im Wort Abrahams«, »die erhabene Weisheit im Wort von Moses« und »die Weisheit der Weissagung im Wort von Jesus« bis hin zur »Weisheit der Einzigartigkeit im Wort von Mohammed«. Dieses außergewöhnliche Werk ist ebenso eine Darlegung der innersten Bedeutung der Existenz des Menschen und seiner Fähigkeit zur Vervollkommnung wie auch eine esoterische Auslegung des Korans und wirft ein erhellendes Licht auf die gemeinsame innere Essenz aller drei abrahamitischen Religionen. Es vermittelt eine Botschaft, der gerade in Zeiten aufkeimender religiöser Intoleranz und fundamentalistischer Verblendung ein unschätzbares Potenzial für die interkulturelle Verständigung innewohnt.

> »Auf diese Weise verlangte die Göttliche Ordnung nach der Klärung des Spiegels der Welt; und Adam wurde zur Klarheit dieses Spiegels und zum Geiste dieser Form selbst [...] und wurde ›Mensch‹ und ›Stellvertreter Gottes‹ genannt.«

ISBN 978-3-905272-71-0
178 Seiten

Guter Geschmack will gelernt sein: *Le bon-goût s'apprend.* Das gilt insbesondere für das spirituelle Schmecken der Einheit des Seins. In dieser einzigartigen Anthologie beschreiben liebestrunkene Sufis, wahrheitshungrige Gnostiker, erkenntnisdurstige Geisterseher und verschmitzt-weise Skandalgurus, hingebungsvolle Brotbäcker, humorbegnadete Geschichtenerzähler, ägäisverzauberte Lebensreisende und extremfastende Meisterspione Möglichkeiten und Wege, das Feine vom Groben zu unterscheiden, das Obere mit dem Unteren zu verbinden und so die scheinbare Trennlinie zwischen dem Körperlichen und dem Spirituellen zu überwinden. Wenn wir die ›Küchenarbeit an uns selbst‹ in der richtigen, nämlich dienenden Haltung angehen, kultivieren wir in uns diesen guten, feinen Geschmack für die Nähe Gottes. Bewusstes Kochen und Gekochtwerden lässt uns die Heiligkeit in der Transformation von Äußerem und Innerem entdecken.

Neben Ausgesuchtem von Dschalāl ad-Dīn Rūmī, Bahauddin Walad, Hafis, Khalil Gibran, Bülent Rauf, Reshad Feild, Muzaffer Ozak, G.I. Gurdjieff, P.D. Ouspensky, Idries Shah, Osho, Scotus Eriugena, Emanuel Swedenborg oder Henry Miller finden sich hier zum ersten Mal auf Deutsch vorliegende Trouvaillen von Annemarie Schimmel, Muḥyīddīn Ibn 'Arabī, John G. Bennett, Christopher Bamford und Paul Dukes.

ISBN 978-3-942914-20-8
324 Seiten

Eine ebenso spannende wie humorvolle, tiefgründige wie lehrreiche Liebes- und Abenteuergeschichte über Verlust und Neubeginn, über den Auszug aus der eigenen kleinen Welt und das Erwachen im großen Unbekannten. Es treten auf: Daud, ein erfolgreicher Kaufmann von der Mittelmeerinsel Aruad; Takla, eine junge Köchin im berühmten Nonnenkloster von Saidnaya; und Shams, ein alter Ziegenbock aus den Hügeln über Damaskus. Diese drei Unerschrockenen begleitet die *Damaszener Trommel* durch die syrische Landschaft des neunzehnten Jahrhunderts, mit ihrem vielgesichtigen Kaleidoskop von Völkern, Kulturen und Religionen aus der Levante, auf ihrer abenteuerlichen Reise durch Zeit und Raum und darüber hinaus. Eine zauberhafte Erzählung über Liebe und Selbsterkenntnis, Mut und Vertrauen, Schicksal und Bestimmung, Hingabe und Freiheit. In dieser modernen Tausendundeine-Nacht-Geschichte voller Überraschungen erleben wir die Abgründe des allzu Menschlichen und höchste Menschlichkeit, Niedertracht und Großmut, kriminelle Machenschaften und spirituelle Höhenflüge und begegnen Bösewichten und Helden, Narren und Weisen – und jeder Menge Ziegen. Christopher Ryan studierte Persisch und Osmanisch und schrieb als profunder Kenner der Menschen und Traditionen im Nahen Osten viele Jahre für englische Zeitschriften. In der *Damaszener Trommel* zieht er uns augenzwinkernd in den Bann einer höheren Wirklichkeit, die er im Stil des Magischen Realismus lebendig werden lässt.

ISBN 978-3-942914-21-5

300 Seiten

Dieses Buch handelt von dem Prozess, durch den ein Mensch die Grenzen seiner eigenen Natur überschreiten und ein ›neuer Mensch‹ werden kann. Es ist für jene geschrieben, die die Möglichkeiten der spirituellen Transformation erkunden wollen und die bereits die eine oder andere Methode ausprobiert haben, aber unbefriedigt geblieben sind. Bücher mit mehr oder weniger sinnvollen Vorschlägen, wie wir diese oder jene Seite unseres Charakters verbessern können, gibt es zuhauf, aber das ist bei Weitem nicht dasselbe wie Transformation, die sich auf den ganzen Menschen bezieht. Auf Basis seiner breiten Erfahrung aus der eigenen, lebenslangen Suche gibt der Autor praktische Ratschläge und hilfreiche Orientierung für eine fruchtbare »Arbeit an sich selbst«. Lebendig und verständlich geschrieben, beschränkt dieses Buch theorielastige Erörterungen auf das Notwendigste und vermittelt dafür viele konkrete Übungsvorschläge und anschauliche Beispiele, die sich in unserem Alltag umsetzen und überprüfen lassen.

»Es scheint geradezu das Ziel unserer Gesellschaft zu sein, die Menschen der Verantwortung für ihr Leben und Handeln zu entheben. Der Weg der Transformation muss das genaue Gegenteil sein. Wohin er uns sonst auch führen mag, er muss uns zu freien, verantwortlichen Individuen machen, die fähig sind, ihr Leben im Einklang mit dem größten objektiven Wohl zu gestalten.«

ISBN 978-3-905272-10-9
184 Seiten

Der erste Teil der autobiografischen Trilogie von Reshad Feild: ein echter Klassiker der modernen spirituellen Literatur und eines der großen Selbstzeugnisse mystischer Sinnsuche, das in den vergangenen vierzig Jahren weltweit Hunderttausende von Lesern beeindruckt hat.

In dieser packend erzählten Geschichte begleiten wir einen jungen Engländer auf seiner abenteuerlichen Suche nach der wirklichen Bedeutung des Lebens und den allerletzten Wahrheiten. Unter der Führung des geheimnisvollen Antiquitätenhändlers Hamid, der sich im Laufe dieses ›metaphysischen Roadmovies‹ als ein strenger spiritueller Lehrer entpuppt, entwickelt sich Reshads Interesse an den Derwischen des Nahen Ostens zu einer äußeren wie inneren Entdeckungsreise zu heiligen Stätten, weisen Menschen und tiefen Einsichten in die Wirklichkeit der Welt. Unter härtesten Prüfungen, die sein westliches Denken erschüttern, wird er in die inneren Lehren des Sufismus eingeführt und mit den Geheimnissen des Atems, der spirituellen Bedeutung der Jungfrau Maria und den gemeinsamen Wurzeln der jüdischen, christlichen und islamischen Traditionen vertraut gemacht. Schritt für Schritt beginnt er, die Heiligkeit allen Lebens zu verstehen, und erfährt die Liebe als die Erste Ursache der Schöpfung, bevor ihm schließlich die Erkenntnis der Einheit des Seins gewährt wird.

»Eine eloquente Orchestrierung, die von sehr hoher Kreativität zeugt« (*The Times*). »Wenn Sie sich für die Weisheit dieses Buches öffnen, wird es Ihr Leben verändern« (Ellen Burstyn).

ISBN 978-3-942914-11-6
216 Seiten